T0329278

# THE TEXT OF ACTS IN CODEX 614
## (TISCH. 137) AND ITS ALLIES

# THE TEXT OF ACTS IN CODEX 614 (TISCH. 137) AND ITS ALLIES

Edited by the late

## A. V. VALENTINE-RICHARDS, M.A.

*formerly Fellow, Dean, and Theological Lecturer of Christ's College, Cambridge*

With an introduction by

## J. M. CREED, D.D.

*Ely Professor of Divinity in the University of Cambridge*

CAMBRIDGE
AT THE UNIVERSITY PRESS
1934

# CAMBRIDGE
## UNIVERSITY PRESS

University Printing House, Cambridge CB2 8BS, United Kingdom

Cambridge University Press is part of the University of Cambridge.

It furthers the University's mission by disseminating knowledge in the pursuit of education, learning and research at the highest international levels of excellence.

www.cambridge.org
Information on this title: www.cambridge.org/9781107674660

© Cambridge University Press 1934

First published 1934
First paperback edition 2014

A catalogue record for this publication is available from the British Library

ISBN 978-1-107-67466-0 Paperback

# CONTENTS

# PREFACE

Codex 614 is well known to textual critics as the best and most important of a group of minuscule MSS which give a distinctive text of the book of Acts with a considerable proportion of 'Western' additions. For those portions of Acts where Codex Bezae is defective, 614 becomes an authority of the first importance, and in reconstructing the 'Western' text its evidence can never be safely neglected. The late Mr Valentine-Richards had been long engaged in study of the intricate textual problems raised by the text of 614 and its allies, Greek and Syriac, and a promised study of these texts was eagerly looked for. Unfortunately this work was never written, and we are left with a full reproduction of the text of Codex 614 in Acts and an apparatus criticus giving the readings of some of its chief supporters. There seems no doubt that scholars should be given the advantage of the help that this fragment will afford to them. Although the chief readings of 614 have long been known and are easily accessible, there is no continuous text of this important MS. This edition will be particularly useful as a supplement to the apparatus in Ropes' great edition of the text of Acts, which is defective in its statement of the testimony of these MSS to the 'Western' text. I am able to shew in the Introduction that, though Mr Valentine-Richards' work needs to be set in the context of a wider group of minuscule MSS which von Soden has brought within our ken, its value is not seriously affected by more recent discoveries, and at the same time that it makes some definite additions to our knowledge of the history of the text.

Certain anomalies in the form of the published book have their explanation in the fact that the finished pages were actually printed off some years ago, and therefore must appear now as they are or not at all. The heading Appendix I proves that Mr Valentine-Richards contemplated at least Appendix II. Perhaps he intended to deal with the readings of the 'Harclean'

Syriac and its marginalia. What he has left us is a fragment, but it is a piece of work which need not be done again and it is a not unworthy memorial of a scholar whose achievement might have been greater, if his ideal of scholarship had been less exacting.

It remains for me to acknowledge the kindness of the authorities of the General Library of the University of Michigan and of Professor Sanders in clearing up some doubtful points about Codex 876 (Tisch. 224), now one of the Michigan collection of New Testament Manuscripts.

J. M. C.

THE COLLEGE, ELY
*August* 1934

# INTRODUCTION

Although Mr Valentine-Richards has left no introduction to his edition of the text of Acts in Cod. 614 and its allies, two full and magisterial reviews contributed by him to the *Journal of Theological Studies* in 1900 and 1901 shew us something of the studies which lie behind this work, and the direction in which he looked for the interpretation of the evidence which he has presented. These are (1) a review of Hilgenfeld's edition of the Acts (Berlin 1899), *J.Th.S.* vol. I, pp. 606–613, and (2) a review of August Pott's study *Der abendländische Text der Apostelgeschichte und die Wir-Quelle* (Leipzig 1900), *J.Th.S.* vol. II, pp. 439–447. These two reviews have been an invaluable help in compiling this Introduction. Needless to say progress has been made since 1901. No one can write now on the text of Acts without continual reference to the laborious researches of von Soden, and the monumental work of J. H. Ropes, not to mention A. C. Clark's recent edition of the 'Western' text with its full apparatus and appendices. But as an introduction to the particular aspect of the problem presented by 614 and its allies, I think that these two reviews still hold their ground, and point to the truth concerning the place of these minuscule MSS in the textual history of Acts, and their importance for the textual critic.

## I. *The Manuscripts used in this work.*

The text here reproduced is that of Codex 614 (Gregory)[1], formerly Act 137 Paul 176, = von Soden a 364.

[1] The greater part of Valentine-Richards' work was set up in type before the publication of Gregory's catalogue *Die griechischen Hss. d. N.T.* (Leipzig 1908) and consequently it followed the older notation of the MSS. The work had been printed off and the type distributed before it came into my hands, so that it was out of the question to make any change in the apparatus or the page headings. Since however Gregory's notation is now generally received, I have adopted Gregory's number (614) on the title-page and throughout this Introduction to denote the MS formerly known as Act 137. I have however thought it best to retain, at the cost of consistency, the older notation of the other MSS collated for this edition, in order to facilitate the use of Valentine-Richards' apparatus. MSS other than those used in the apparatus or in the Appendix are referred to in this Introduction by Gregory's notation.

The MS is in the Ambrosian Library at Milan (E. 97 sup.).
Dr Gregory's description of the MS is as follows:

**137** Saec xiii (xi?), 25·6×18·8, membr, foll 276, col 1, ll 23; prol, (m ser itin et mart Paul), lect, init, *ἀναγν*, (m ser syn, men, liturgica), subscr, *στίχ*: *Act Paul* (Phm Heb) *Cath*; deest Jud 3–25; plurima bonae notae praesertim (Act) e textu occidentali habet. Cf WH *Intr* § 212. Corcyrae emptus. Scholz plurima cont. Vidi 16 Feb 1886[1].

The imperfect collation by Scholz is that reproduced in Tischendorf's apparatus. A new and complete collation was made by Dr Giovanni Mercati for Hilgenfeld's *Acts*. Unfortunately Mercati himself corrected three sheets only of the proofs, and the collation as published by Hilgenfeld contains many errors enumerated by Valentine-Richards in his review of Hilgenfeld in *J.Th.S.* vol. I (1900), pp. 609 ff.[2] As he tells us in this review, Valentine-Richards had himself collated the MS 'some years' before 1900, and the text as here given no doubt represents his own labours on the MS.

The use of Clarendon type in the text indicates addition to or variation from the Textus Receptus.

Besides recording the readings of the Textus Receptus where they are different from those of 614, the apparatus criticus records the readings of part or the whole of the following three MSS:

1. Codex Act 58 (Paul 224), old notation; = 383 (Gregory), α 353 (von Soden).

At Oxford, in the Bodleian Library (Clarke 9).

Gregory's description is as follows:

**58** Saec xiii, 18·4×12·8, membr, foll 181, col 1, ll 24–28; lect: *Act Cath Paul* (Phm Heb); Heb xiii. 7–25 evanidus. In tegumento foll duo ex Evl. Gaisford contulit. Wetst 58 est Act 22. Vidi 15 Feb 1883.

A complete collation of the text of Acts in this MS was undertaken for von Soden by August Pott and published by him at the end of his book *Der abendländische Text der*

---

[1] *N.T. Graece*, Tischendorf, vol. 3, *Prolegomena* by C. R. Gregory (1894), p. 633.

[2] Some of these errors reappear in A. C. Clark's apparatus, e.g. at xi. 19, 614 reads μονοις not μονον; at xiii. 19, 20 om και μετα ταυτα ως 614; at xxiv. 8, 611 reads επι σου not επι σε.

*Apostelgeschichte u. die Wir-Quelle; eine Studie* (Leipzig 1900). The first twelve and the last six chapters of Acts have for the most part a very ordinary text. Chapters xiii–xxii on the other hand have noteworthy 'Western' readings and the text closely resembles 614. Valentine-Richards gives the readings of 58 for chapters xiii–xxii only[1].

2. Codex Act 180 (Evv. 431 Paul 238), old notation; = 431 (Gregory), δ 268 (von Soden).

At Strassburg, in the Library of the Roman Catholic Seminary (I. Scr. 14).

Valentine-Richards (*J.Th.S.* I, p. 608) describes this MS as follows:

'It is a beautiful little book, measuring only $13\frac{1}{2} \times 10$ centimetres. The writing, which is small and regular, occupies a space of about $9\frac{1}{2} \times 6\frac{1}{4}$ centimetres. The number of lines on a page varies in different parts, but in the Acts is usually twenty-eight. All the books of the New Testament are present except the Apocalypse; there is some prefatory matter, and lists of κεφάλαια and ὑποθέσεις are attached to nearly all the books. The date, Mr F. G. Kenyon kindly informs me, must be circa 1200. The collation of the text given by Scholz (from Arendt), and adopted by Tischendorf, is generally correct, though a few important readings are omitted. The text itself is curiously mixed—there are notable Western readings, and, on the other hand, remarkable coincidences with ℵB. But it is clear from many minor readings that the MS has an intimate connexion with 137 (i.e. 614), and the group at the head of which this latter stands.'

The statement in Gregory's *Prolegomena*, reproduced by Hilgenfeld, that the MS perished in the fire at Strassburg in 1870, is corrected in the *Addenda* to Gregory's volume, p. 1308. The MS was formerly at the Jesuit College at Molsheim and was taken to Strassburg, when the College was transferred and united with the University in 1702. Since then it has remained in the Strassburg Seminary and thus escaped the fire which

---

[1] A. C. Clark gives the readings of 58 (383) in his apparatus for the whole of Acts.

destroyed the University Library at the siege of 1870 (*J.Th.S.* I, p. 608).

Valentine-Richards collated the MS for the text of Acts in 1898. In this book he has given the readings of 180 in the apparatus for the first nine chapters of Acts only. In these chapters Codex 180 is a remarkably close supporter of 614, reproducing most of its minute variations from the Received Text. The readings of the MS for the remaining chapters of Acts he has relegated to the Appendix.

Von Soden, depending on a collation of chapter xiii only (vol. I, pp. 1686 f.), has missed the testimony of this MS to the sub-group headed by 614—$I^{c2}$ in his notation—and assigns it a low place in his first and largest division of I codices, i.e. $I^{a}$, headed by Codex Bezae.

3. Codex Act 216 (Paul 272), old notation; also $c^{scr}$; $= 1518$ (Gregory), a 551 (von Soden).

Supposed to be at Constantinople in the Library of the Μετόχιον τοῦ ἁγίου τάφου, a daughter-house belonging to the Patriarchate of Jerusalem.

A MS of the fifteenth century containing Acts Catholic Epp. Paul, written on paper. This is one of the MSS which were brought to England by J. D. Carlyle, Sir Thomas Adams's Professor of Arabic at Cambridge (1795–1804), and sometime Chaplain to Lord Elgin's Mission to Constantinople (1799–1801). On Carlyle's death, this and his other MSS were purchased for the Lambeth Library by Archbishop Manners-Sutton. Here the MS remained (no. 1184) until 1817. In that year it and six others were claimed by the Patriarch of Jerusalem, as having been lent, not given to Carlyle[1], and were returned to Constantinople. Fortunately a careful collation of the MS had been made for Carlyle by the Rev. W. Sanderson of Morpeth and this is retained at Lambeth (1255, 10–14)[2].

---

[1] Scrivener, *Collation of MSS of the Greek Testament* (1853), pp. xxv f.

[2] Sanderson's collation was used by Scrivener for the apparatus published in *Codex Augiensis* (1859), Appendix, pp. 415 ff. Valentine-Richards' statement of the evidence is to be preferred to Scrivener's in respect both of completeness and of accuracy. But I have detected no note of the readings of 216 which he could not have taken from Sanderson.

The text of Acts vii. 52–viii. 25 is missing. The readings of this MS for the whole of the rest of Acts are given in the apparatus.

Lastly, in the Appendix, Valentine-Richards has given a collation of Codex Act 224 (Paul 279), old notation; = 44 (Westcott and Hort), 876 (Gregory), a 356 (von Soden).

This MS, formerly in London in the Burdett-Coutts Library (III, 37), has been since 1922 in the General Library of the University of Michigan (N.T. MSS no. 16. See the descriptive survey by K. W. Clark and E. C. Colwell).

Gregory's description is as follows:

224 Saec xiii (Scr. xii), 15·8 × 11·5, membr, foll?, col 1, ll 20; lect, subscr, στίχ in Heb: Act Cath Paul (Phm Heb); Heb 10.15–11.7 suppl m rec chartis; textu haud vulgari [Scr. 221]. Vidi 10 Jul 1883.

## II. The relations of these MSS with one another and with some other minuscule MSS of Acts.

Since Valentine-Richards prepared the text and apparatus here printed, the researches of von Soden and his army of helpers have thrown more light upon the groupings of the minuscule MSS of the N.T. in general, and of Acts in particular. Unfortunately von Soden's grouping of the MSS is partly determined by a theory of the history of the text—especially the 'Western' Text—which has failed to win general support, and recently doubt has been thrown upon the accuracy of his classification of the minuscule MSS of the Gospels[1]. His work must therefore be used with some reserve. At the same time it should be said that he has surveyed an immense and hitherto uncharted sea of material, and a student of the later MSS cannot but begin under his guidance. His classification of the minuscule MSS of Acts[2] will probably enable us to appreciate in the main correctly the place of this group of MSS in the later tradition of the text. It will be seen that Valentine-Richards' text with his apparatus gives a convenient conspectus of the text of one of von Soden's

[1] See Excursus I in *The Caesarean Text of the Gospel of Mark* by Kirsopp Lake (*Harvard Theol. Rev.* Oct. 1928).

[2] Von Soden's conclusions are conveniently stated by Ropes, *Beginnings of Christianity*, III, pp. xxiii–xxx.

three groups of I MSS in both of the two forms into which he divides it.

The text of Acts is contained in upwards of 500 minuscule MSS. Of these, seven give a text allied to that of אBC (von Soden's H); about 117 have a text with a 'Western' element more or less pronounced (von Soden's I); the remaining MSS (370–80 in number) are all believed to be more or less pure representatives of the Byzantine text (von Soden's K). It is with the second or I division alone that we are here concerned. This division in turn falls into three groups $I^a$, $I^b$ and $I^c$, the MSS in each of which have marked characteristics in common. $I^a$ is the largest group, containing 58 MSS. Cod 180 Act is assigned a low place by von Soden in this category, but so far as the first nine chapters are concerned this, as we have already said, is undoubtedly a misplacement. $I^b$, with two subdivisions $I^{b1}$ and $I^{b2}$, is represented by 35 MSS. $I^c$, with which alone we are here concerned, is represented by 24 MSS, which again, with one exception, are grouped in two subdivisions $I^{c1}$ and $I^{c2}$. The former subdivision, $I^{c1}$, consists of four MSS only, one of which is 216 here collated. The latter subdivision, $I^{c2}$, contains 19 MSS headed by 614 (Gregory) and 58. 224 appears low in the same list. Thus Valentine-Richards' text and apparatus give a view of this type of text in both of the two forms distinguished by von Soden.

Von Soden declares that the four MSS classified as $I^{c1}$ are all 'very good' representatives of the archetype of the subdivision[1] but 216 (a fifteenth-century MS, as we have seen) comes last on his list, and he gives a preference to a twelfth-century MS, 94 in the National Library at Athens, = 1611 (Gregory), α 208 (von Soden). The other two are: 1108 (Gregory) = 370 (von Soden), Athos Esphigmenu 64; and 2138 (Gregory) = 116 (von Soden), Moscow Univ. 1.

In the subdivision $I^{c2}$ 614 holds the premier place, but besides 58 it has two other close allies:

2147 (Gregory) = δ 299 (von Soden); Leningrad Imp. Libr. Gr. 224.

---

[1] *Die Schriften d. N.T. in ihrer ältesten erreichbaren Textgestalt*, ɪ, iii, p. 1688.

257 (Gregory) = α 466 (von Soden); Berlin, kön. Bibl. Gr. Quart. 43.

The remaining 15 MSS (including 224) are weakened representatives of the same class, contaminated by the Byzantine text[1].

Valentine-Richards' apparatus reveals the extent of common ground between 216 ($I^{c1}$) and 614 ($I^{c2}$). 216 is considerably nearer to the Textus Receptus than 614 and considerably further from 614 than 180 and 58 where the latter give a comparable text. A calculation for cc. i–vii. 51 shews that Cod. 614 gives 113 variations from the Textus Receptus[2]. Cod. 180 supports Cod. 614 in 66 of these, and Cod. 216 supports Cod. 614 in 39. Codd. 614, 180 and 216 agree against the Textus Receptus in 32 of these readings. In these chapters almost all the variants are small and insignificant. They are not for that reason the less valuable as evidence that a common type of text underlies all these MSS[3]. For a minute analysis of the characteristics of this text, as well as of the characteristics of the two forms distinguished as $I^{c1}$ and $I^{c2}$, reference may be made to von Soden, vol. I, pp. 1742–1749.

The main interest of the MSS however lies in the additions, mainly 'Western' in character, which they contain. These are much more numerous in 614 than in any other MS of the group. They occur mainly, but by no means exclusively, in the last nineteen chapters. Many of these additions, in the same or slightly differing form, are also attested by D, by *gig* and other Old Latin texts; and very nearly all of them are found—usually in identical form—either in the text or margin of the 'Harclean' Syriac. For a list of these additions and the texts which support them reference may be made to von Soden, I, pp. 1743 f. The addition of ο πιστος Στεφανας at xvi. 27 is known only in

---

[1] Von Soden, *op. cit.* p. 1688. The list is given in full by Ropes, *op. cit.* p. xxviii.

[2] A certain deduction would have to be made from these figures if we considered, as we ought to do, the Byzantine text instead of the Textus Receptus, in order to allow for cases where 614 sides with the normal Byzantine text against a minority of minuscule MSS followed by the Textus Receptus. A further deduction is necessary for the idiosyncrasies of 614.

[3] The error κοπιωντα εδει for κοπιωντας δει in 614 at xx. 35 though not found in 216, occurs in two other $I^{c1}$ MSS, viz. 1611, 2138. See von Soden, I, p. 1745.

614 and 2147. The addition of τινες δε ηπιστησαν in xvii. 12 is attested by D only apart from 614 (with 58 Tisch and 2147). The addition of διαλεγομενος και in xviii. 28 is attested only by D and the Michigan Papyrus apart from 614 (with 58 Tisch, 2147 and 257).

216 gives a few, but only a few, of the additions of 614. On the other hand it has a small number of additions of its own, e.g. ii. 6 + αυτων (with Hcl text and 224); iv. 27 + εν τη πολει ταυτη (with Hcl text אBD 224 al); vii. 43 + λεγει Κυριος ο θεος ο παντοκρατωρ ονομα αυτω (the addition of ονομα αυτω attested by Hcl* and 224[1]); xxvii. 9 + των Ιουδαιων λεγεσθαι (so only 216 Tisch; 224 Tisch, 1611, 2138, 1765? give των Ιουδαιων λεγειν[2]); xxviii. 10 + οσον χρονον επεδημουμεν (only 216 Tisch and its fellows 1611 and 2138).

It may however be noted that the readings of 224 as given in Valentine-Richards' Appendix shew that where there is divergence between 216 and 614, 224 does not keep a steady course. It has many readings distinctive of 614, which are not present in 216. But in minor points it not infrequently sides with 216 against 614 and Textus Receptus. This suggests the question whether von Soden's I^{c1} and I^{c2} is not an unsatisfactory refinement. It would be better to bracket together the four MSS which compose I^{c1} under the same general head as 614, 58, 224 and the rest of their class.

## III. *The relations of the text of Codex* 614 *and its allies with the 'Harclean' Syriac and with D.*

Of the MSS here used probably none is earlier than the thirteenth century. The longer list of von Soden gives one tenth-century MS and five eleventh-century MSS among the inferior supporters of 614, and one MS of the eleventh century and one of the twelfth among the kindred of 216. But that

---

[1] Also according to von Soden by the following I^c MSS: 1611, 913, 1765. But he omits the testimony of 216 and 224 Tisch.

[2] Von Soden (*op. cit.* p. 1749) gives λεγεσθαι for 1765 and wrongly ascribes λεγειν to 216 Tisch. He states the evidence differently in the textual note on Acts xxvii. 9.

the additions characteristic of 614 as well as the fundamental text common to 614 and 216 are far older than the extant MSS is proved by the close relation which exists between these MSS and the 'Harclean' or Philoxenian Syriac. If the weighty arguments recently adduced by Mrs Silva Lake[1] and by Professor A. C. Clark[2] win acceptance, and we return to the traditional view that the text, as distinct from the marginalia, of the 'Harclean' really is the Philoxenian Version made at the instigation of Philoxenus by the chorepiscopus Polycarp[3], then we have evidence that the form of text represented by these MSS was already current by the beginning of the sixth century. In any case the 'Harclean' Syriac, as we have it, carries us back to the second decade of the seventh century.

The similarities between our MSS and the 'Harclean' are close and frequent. Many readings common to these MSS and the 'Harclean' are not found elsewhere, and as we have already seen, almost all the additions of 614 not present in the Byzantine text are found in the 'Harclean' either in the text, or in the margin. Valentine-Richards has shewn that the coincidences are by no means confined to the striking variants, and that agreements are even more numerous with the underlying 'Harclean' text than with readings with asterisk or with the marginalia. A testing of chapters xiii–xxii yielded the result that in these chapters there is agreement of our MSS in distinctive readings with the 'Harclean' text fifty-five times, with asterisked readings twenty-eight times, and with margin eighteen times.

He continues: 'These peculiar variants of syr.hkl.text–58–137 (i.e. 614) etc. are mostly trifling (e.g. use of different particles, change in the order of words, besides minor omissions and additions), but they prove the existence not later than the close of the sixth century of an independent text more conclusively than the more striking readings, a considerable number of which are found in D at present, and many more of which

---

[1] *The Caesarean Text of the Gospel of Mark*, Excursus III.
[2] *The Acts of the Apostles* (Oxford 1933), pp. 305–329.
[3] Professor Burkitt is doubtful. *J.Th.S.* xxx, p. 348.

may have had a place in one of its ancestors[1].' It is much to be regretted that Valentine-Richards never developed in detail the interpretation which he next proceeds to outline. The 'Harclean' version, he argues, plainly shews traces of the text of 614 etc. and also of the text of D. But 'it shows traces of the ordinary text also, else why should glosses found in both the former be asterisked? How is the co-existence of these three apparently independent texts in the Harklean to be explained?' He tentatively answers the question as follows: 'the archetype of 58–137 (i.e. 614) etc. was not markedly different from the ordinary non-Western text, only varying from it in many small details such as constitute most of its common readings in the syr.hkl. text, and into this text were inserted a greater or less number of additions from some ancestor of D.' The character of this underlying text, and the extent of the old Uncial element which it plainly contains deserve further examination, which this edition of 614 may help to facilitate. In this connexion it is worth while to record a hint dropped by Ropes[2] that this distinctive form of the 'I' text in Acts may conceivably be an analogue to the 'Caesarean' text in the Gospels.

If Valentine-Richards' suggestion is sound, the importance of this group of MSS is twofold: (1) Together with the underlying text of the 'Harclean' Syriac it gives evidence of a distinctive form of the non-Western text in Acts. (2) With the 'Harclean' asterisked readings and marginalia it yields independent testimony to the Greek 'Western' text. The suggestion that the additions are not indigenous in these MSS is confirmed by the plainly extraneous character of some of the 'Western' additions in the text of 614[3], and this makes it natural to conjecture a similar origin for others.

It is a further question how these additions are related to the text of D. Pott attempted to establish the view that D is

---

[1] *J.Th.S.* vol. ii, p. 444.

[2] *Beginnings*, iii, p. ccxvii, n. 2.

[3] A clear case is xix. 9 where D supported by Hcl* adds $\tau\omega\nu$ $\epsilon\theta\nu\omega\nu$ after $\pi\lambda\eta\theta\text{ovs}$ and continues with $\tau\text{ote}$ before $a\pi\text{o}\sigma\tau a\text{s}$. In 614 the words $\tau\omega\nu$ $\epsilon\theta\nu\omega\nu$ $\tau\text{ote}$ have been wrongly inserted after $\omega\text{s}$ $\delta\epsilon$ $\tau\text{ives}$ at the beginning of the verse. 58 follows 614, but omits the now meaningless $\tau\text{ote}$. See further Valentine-Richards in *J.Th.S.* vol. ii, p. 446.

a degenerate form of an original 'Western' text better preserved in 614 and 58 Tisch. Valentine-Richards' careful examination of Pott's contention may be read in the *Journal of Theological Studies*, vol. II, pp. 445 ff. Here it must suffice to quote his cautious conclusion: 'I can find no evidence of any reading of D being derived from the 58–137–syr.hkl. group; but some of the readings of the latter must lie under suspicion of being taken from D or one of its ancestors: and if so, this would support the idea that the text of [this group] is not homogeneous.'

The provenance of the archetype of 614 and its allies must remain conjectural. But the close affinities between 614 and the 'Harclean' Syriac make it natural to look in the direction of Syrian Monophysitism. Whether or not the textual scholar responsible for the work was himself Monophysite, his work might easily have found its way from Syria to Constantinople at some period prior to the Persian Invasion and the collapse of the Patriarchate of Antioch (609–611). In a very different sphere, the history of the writings of 'Dionysius the Areopagite' illustrates the possible infiltration of Monophysite learning into the Byzantine Church, during the repeated efforts at reunion which engaged statesmen and ecclesiastics during the sixth century. Certain it is that both by its text, and by the textual method behind the text, 614 is intimately related to the Version which the exiled Bishop of Mabog, Thomas of Harkel, edited with marginal readings at the Enaton Monastery, the Monophysite sanctuary outside Alexandria (616 A.D.); and it is at least possible that the earlier Monophysite Version of Philoxenus of Mabog, on which Thomas worked, represented the same type of Greek text.

# ΠΡΑΞΕΙΣ ΤΩΝ ΑΓΙΩΝ ΑΠΟΣΤΟΛΩΝ.

I. Τὸν μὲν πρῶτον λόγον ἐποιησάμην περὶ πάντων, ὦ Θεόφιλε, ὧν
2 ἤρξατο ὁ Ἰησοῦς ποιεῖν τε καὶ διδάσκειν ἄχρι ἧς ἡμέρας ἐντειλάμενος
3 τοῖς ἀποστόλοις διὰ πνεύματος ἁγίου οὓς ἐξελέξατο ἀνελήφθη. οἷς καὶ
παρέστησεν ἑαυτὸν ζῶντα μετὰ τὸ παθεῖν αὐτὸν ἐν πολλοῖς τεκμηρίοις,
δι᾽ ἡμερῶν τεσσαράκοντα ὀπτανόμενος αὐτοῖς, καὶ λέγων τὰ περὶ τῆς
4 βασιλείας τοῦ θεοῦ. καὶ συναυλιζόμενος παρήγγειλεν αὐτοῖς ἀπὸ Ἱεροσο-
λύμων μὴ χωρίζεσθαι, ἀλλὰ περιμένειν τὴν ἐπαγγελίαν τοῦ πατρὸς,
5 ἣν ἠκούσατέ μου· ὅτι Ἰωάννης μὲν ἐβάπτισεν ὕδατι, ὑμεῖς δὲ βαπτισθή-
6 σεσθε ἐν πνεύματι ἁγίῳ οὐ μετὰ πολλὰς ταύτας ἡμέρας. οἱ μὲν οὖν
συνελθόντες ἐπηρώτων αὐτὸν λέγοντες, Κύριε, εἰ ἐν τῷ χρόνῳ τούτῳ
7 ἀποκαθιστάνεις τὴν βασιλείαν τῷ Ἰσραήλ; εἶπε δὲ πρὸς αὐτούς, Οὐχ
ὑμῶν ἐστι γνῶναι χρόνους ἢ καιροὺς οὓς ὁ πατὴρ ἔθετο ἐν τῇ ἰδίᾳ ἐξουσίᾳ·
8 ἀλλὰ λήψεσθε δύναμιν ἐπελθόντος τοῦ ἁγίου πνεύματος ἐφ᾽ ὑμᾶς, καὶ
ἔσεσθέ μοι μάρτυρες ἔν τε Ἰερουσαλὴμ καὶ ἐν πάσῃ τῇ Ἰουδαίᾳ καὶ
9 Σαμαρείᾳ καὶ ἕως ἐσχάτου τῆς γῆς. καὶ ταῦτα εἰπὼν βλεπόντων αὐτῶν
10 ἐπήρθη, καὶ νεφέλη ὑπέλαβεν αὐτὸν ἀπὸ τῶν ὀφθαλμῶν αὐτῶν. καὶ ὡς
ἀτενίζοντες ἦσαν εἰς τὸν οὐρανὸν πορευομένου αὐτοῦ, καὶ ἰδοὺ δύο ἄνδρες
11 παρειστήκεισαν αὐτοῖς ἐν ἐσθῆτι λευκῇ, οἳ καὶ εἶπον, Ἄνδρες Γαλιλαῖοι,
τί ἑστήκατε ἐμβλέποντες εἰς τὸν οὐρανόν; οὗτος ὁ Ἰησοῦς ὁ ἀναληφθεὶς
ἀφ᾽ ὑμῶν εἰς τὸν οὐρανὸν, οὗτος ἐλεύσεται ὃν τρόπον ἐθεάσασθε αὐτὸν
12 πορευόμενον εἰς τὸν οὐρανόν. τότε ὑπέστρεψαν εἰς Ἱερουσαλὴμ ἀπὸ ὄρους
τοῦ καλουμένου Ἐλαιῶνος, ὅ ἐστιν ἐγγὺς Ἱερουσαλὴμ, σαββάτου ἔχον
ὁδόν.

13 Καὶ ὅτε εἰσῆλθον, ἀνέβησαν εἰς τὸ ὑπερῷον οὗ ἦσαν καταμένοντες, ὅ
τε Πέτρος καὶ Ἰάκωβος καὶ Ἰωάννης καὶ Ἀνδρέας, Φίλιππος καὶ Θωμᾶς,

2 εντηλαμενος cod    10 παρειστηκησαν cod

4 συναλιζομενος 180 ϛ    10 ανδρες δυο 180 216 ϛ    11 ουτως 180    180 216
216 ϛ        12 τοτε] εν ταις ημεραις εκειναις 216        υπεστρεψαν]+οι    ϛ
αποστολοι 216

R.                                                                    1

Βαρθολομαῖος καὶ Ματθαῖος, Ἰάκωβος Ἀλφαίου καὶ Σίμων ὁ Ζηλωτής, καὶ Ἰούδας Ἰακώβου. οὗτοι πάντες ἦσαν προσκαρτεροῦντες ὁμοθυμαδὸν 14 τῇ προσευχῇ καὶ τῇ δεήσει σὺν γυναιξὶ καὶ Μαρίᾳ τῇ μητρὶ τοῦ κυρίου καὶ σὺν τοῖς ἀδελφοῖς αὐτοῦ.

Καὶ ἐν ταῖς ἡμέραις ταύταις ἀναστὰς Πέτρος ἐν μέσῳ τῶν μαθητῶν 15 εἶπεν· ἦν τε ὄχλος ὀνομάτων ἐπὶ τὸ αὐτὸ ὡς ἑκατὸν εἴκοσι· Ἄνδρες 16 ἀδελφοί, ἔδει πληρωθῆναι τὴν γραφὴν ταύτην ἣν προεῖπε τὸ πνεῦμα τὸ ἅγιον διὰ στόματος Δαβὶδ περὶ Ἰούδα τοῦ γενομένου ὁδηγοῦ τοῖς συλλαβοῦσι τὸν Ἰησοῦν· ὅτι κατηριθμημένος ἦν σὺν ἡμῖν, καὶ ἔλαχε τὸν κλῆρον 17 τῆς διακονίας ταύτης. οὗτος μὲν οὖν ἐκτήσατο χωρίον ἐκ μισθοῦ τῆς 18 ἀδικίας, καὶ πρηνὴς γενόμενος ἐλάκησε μέσος, καὶ ἐξεχύθη πάντα τὰ σπλάγχνα αὐτοῦ. καὶ γνωστὸν ἐγένετο πᾶσι τοῖς κατοικοῦσιν Ἰερουσαλήμ, 19 ὥστε κληθῆναι τὸ χωρίον ἐκεῖνο τῇ ἰδίᾳ διαλέκτῳ αὐτῶν Ἀκελδαμὰ, τουτέστι χωρίον αἵματος. γέγραπται γὰρ ἐν βίβλῳ Ψαλμῶν, Γενηθήτω 20 ἡ ἔπαυλις αὐτοῦ ἔρημος, καὶ μὴ ἔστω ὁ κατοικῶν ἐν αὐτῇ. καὶ τὴν ἐπισκοπὴν αὐτοῦ λάβοι ἕτερος. δεῖ οὖν τῶν συνελθόντων ἡμῖν ἀνδρῶν ἐν 21 παντὶ χρόνῳ ἐν ᾧ εἰσῆλθε καὶ ἐξῆλθεν ἐφ' ἡμᾶς ὁ κύριος Ἰησοῦς, ἀρξά- 22 μενος ἀπὸ τοῦ βαπτίσματος Ἰωάννου ἕως τῆς ἡμέρας ἧς ἀνελήφθη ἀφ' ἡμῶν, μάρτυρα τῆς ἀναστάσεως αὐτοῦ γενέσθαι σὺν ἡμῖν ἕνα τούτων. καὶ ἔστησαν δύο, Ἰωσὴφ τὸν καλούμενον Βαρσαβᾶν, ὃς ἐπεκλήθη Ἰοῦστος, 23 καὶ Ματθίαν. καὶ προσευξάμενοι εἶπον, Σὺ Κύριε καρδιογνῶστα πάντων, 24 ἀνάδειξον ὃν ἐξελέξω ἐκ τούτων τῶν δύο ἕνα λαβεῖν τὸν κλῆρον τῆς διακονίας 25 ταύτης καὶ ἀποστολῆς, ἐξ ἧς παρέβη Ἰούδας πορευθῆναι εἰς τὸν τόπον τὸν ἴδιον. καὶ ἔδωκαν κλήρους αὐτῶν, καὶ ἔπεσεν ὁ κλῆρος ἐπὶ Ματθίαν, 26 καὶ συγκατεψηφίσθη μετὰ τῶν ἕνδεκα ἀποστόλων.

II. Καὶ ἐν τῷ συμπληροῦσθαι τὴν ἡμέραν τῆς Πεντηκοστῆς ἦσαν ἅπαντες οἱ ἀπόστολοι ὁμοθυμαδὸν ἐπὶ τὸ αὐτό. καὶ ἐγένετο ἄφνω ἐκ τοῦ 2 οὐρανοῦ ἦχος ὥσπερ φερομένης πνοῆς βιαίας, καὶ ἐπλήρωσεν ὅλον τὸν οἶκον οὗ ἦσαν καθήμενοι· καὶ ὤφθησαν αὐτοῖς διαμεριζόμεναι γλῶσσαι 3 ὡσεὶ πυρός, ἐκάθισέ τε ἐφ' ἕνα ἕκαστον αὐτῶν, καὶ ἐπλήσθησαν ἅπαντες 4 πνεύματος ἁγίου, καὶ ἤρξαντο λαλεῖν ἑτέραις γλώσσαις καθὼς τὸ πνεῦμα ἐδίδου αὐτοῖς ἀποφθέγγεσθαι. ἦσαν δὲ ἐν Ἰερουσαλὴμ κατοικοῦντες 5 Ἰουδαῖοι ἄνδρες εὐλαβεῖς ἀπὸ παντὸς ἔθνους τῶν ὑπὸ τὸν οὐρανόν. γενομένης δὲ τῆς φωνῆς ταύτης συνῆλθε τὸ πλῆθος καὶ συνεχύθη· ὅτι 6

16 Δαβιδ] Δαδ cod (et 180) passim     20 λαβη cod     22 μαρτυρας της cod sed ας της scripsit m. recent. in rasura

14 κυριου] Ιησου 180 216 ϛ     15 εικοσιν 216 ϛ     18 μισθου] pr του ϛ
23 επικαλουμενον 216     24 ον εξελεξω post ενα ϛ
1 om και 216     παντες 216     om οι αποστολοι 180 ϛ     5 των ουρανων 216

7 ἤκουον εἷς ἕκαστος τῇ ἰδίᾳ διαλέκτῳ λαλούντων αὐτῶν. ἐξίσταντο δὲ
καὶ ἐθαύμαζον, λέγοντες πρὸς ἀλλήλους, Οὐκ ἰδοὺ πάντες οὗτοί εἰσιν
8 οἱ λαλοῦντες Γαλιλαῖοι; καὶ πῶς ἡμεῖς ἀκούομεν ἕκαστος τῇ ἰδίᾳ διαλέκτῳ
9 ἡμῶν ἐν ᾗ ἐγεννήθημεν, Πάρθοι καὶ Μῆδοι καὶ Ἐλαμῖται, καὶ οἱ κατοι-
κοῦντες τὴν Μεσοποταμίαν, Ἰουδαίαν τε καὶ Καππαδοκίαν, Πόντον καὶ
10 τὴν Ἀσίαν, Φρυγίαν τε καὶ Παμφυλίαν, Αἴγυπτον καὶ τὰ μέρη τῆς Λιβύης
τῆς κατὰ Κυρήνην, καὶ οἱ ἐπιδημοῦντες Ῥωμαῖοι, Ἰουδαῖοί τε καὶ προσή-
11 λυτοι, Κρῆτες καὶ Ἄραβες, ἀκούομεν λαλούντων αὐτῶν ταῖς ἡμετέραις
12 γλώσσαις τὰ μεγαλεῖα τοῦ θεοῦ; ἐξίσταντο δὲ πάντες καὶ διηπόρουν,
13 ἄλλος πρὸς ἄλλον λέγοντες, Τί ἂν θέλοι τοῦτο εἶναι; ἕτεροι δὲ χλευάζοντες
ἔλεγον ὅτι Γλεύκους μεμεστωμένοι εἰσίν.

14 Σταθεὶς δὲ ὁ Πέτρος σὺν τοῖς ἕνδεκα ἐπῆρε τὴν φωνὴν αὐτοῦ καὶ
ἀπεφθέγξατο αὐτοῖς, Ἄνδρες Ἰουδαῖοι καὶ οἱ κατοικοῦντες Ἱερουσαλὴμ
15 ἅπαντες, τοῦτο ὑμῖν γνωστὸν ἔστω, καὶ ἐνωτίσασθε τὰ ῥήματά μου. οὐ
γὰρ ὡς ὑμεῖς ὑπολαμβάνετε οὗτοι μεθύουσιν· ἔστι γὰρ ὥρα τρίτη τῆς
16
17 ἡμέρας· ἀλλὰ τοῦτό ἐστι τὸ εἰρημένον διὰ τοῦ προφήτου Ἰωήλ, Καὶ
ἔσται ἐν ταῖς ἐσχάταις ἡμέραις, λέγει ὁ θεός, ἐκχεῶ ἀπὸ τοῦ πνεύματός
μου ἐπὶ πᾶσαν σάρκα, καὶ προφητεύσουσιν οἱ υἱοὶ ὑμῶν καὶ αἱ θυγάτερες
ὑμῶν· καὶ οἱ νεανίσκοι ὑμῶν ὁράσεις ὄψονται, καὶ οἱ πρεσβύτεροι ὑμῶν
18 ἐνύπνια ἐνυπνιασθήσονται. καί γε ἐπὶ τοὺς δούλους μου καὶ ἐπὶ τὰς
δούλας μου ἐν ταῖς ἡμέραις ἐκείναις ἐκχεῶ ἀπὸ τοῦ πνεύματός μου, καὶ
19 προφητεύσουσι. καὶ δώσω τέρατα ἐν τῷ οὐρανῷ ἄνω καὶ σημεῖα ἐπὶ τῆς
20 γῆς κάτω, αἷμα καὶ πῦρ καὶ ἀτμίδα καπνοῦ. ὁ ἥλιος μεταστραφήσεται εἰς
σκότος, καὶ ἡ σελήνη εἰς αἷμα, πρὶν ἢ ἐλθεῖν τὴν ἡμέραν Κυρίου τὴν
21 μεγάλην καὶ ἐπιφανῆ. καὶ ἔσται πᾶς ὃς ἂν ἐπικαλέσηται τὸ ὄνομα
22 Κυρίου σωθήσεται. Ἄνδρες Ἰσραηλῖται, ἀκούσατε τοὺς λόγους τούτους·
Ἰησοῦν τὸν Ναζωραῖον, ἄνδρα ἀπὸ τοῦ θεοῦ ἀποδεδειγμένον εἰς ὑμᾶς
δυνάμεσι καὶ τέρασι καὶ σημείοις, οἷς ἐποίησε δι᾽ αὐτοῦ ὁ θεὸς ἐν μέσῳ
23 ὑμῶν, καθὼς καὶ αὐτοὶ οἴδατε, τοῦτον τῇ ὡρισμένῃ βουλῇ καὶ προγνώσει
τοῦ θεοῦ ἔκδοτον λαβόντες διὰ χειρῶν ἀνόμων προσπήξαντες ἀνείλετε·
24 ὃν ὁ θεὸς ἀνέστησε, λύσας τὰς ὠδῖνας τοῦ θανάτου, καθότι οὐκ ἦν δυνατὸν
25 κρατεῖσθαι αὐτὸν ὑπ᾽ αὐτοῦ. Δαβὶδ γὰρ λέγει εἰς αὐτόν, Προωρώμην
τὸν κύριον ἐνώπιόν μου διὰ παντός, ὅτι ἐκ δεξιῶν μου ἐστὶν ἵνα μὴ
26 σαλευθῶ· διὰ τοῦτο εὐφράνθη ἡ καρδία μου, καὶ ἠγαλλιάσατο ἡ
27 γλῶσσά μου· ἔτι δὲ καὶ ἡ σάρξ μου κατασκηνώσει ἐπ᾽ ἐλπίδι. ὅτι οὐκ
ἐγκαταλείψεις τὴν ψυχήν μου εἰς ᾅδου, οὐδὲ δώσεις τὸν ὅσιόν σου ἰδεῖν

---

17 θυγατεραις cod (et 180)   23 προσπητηξαντες cod

6 εκαστος]+αυτων 216  7 δε]+παντες 216 ϛ  13 διαχλευαζοντες 216 180 216
14 om σταθεις...ενδεκα 216  om ο ϛ  22 απο του θεου bis scripsit 216 ϛ
ημας 216  24 οδυνας 216  27 αδην 216

1—2

διαφθοράν. ἐγνώρισάς μοι ὁδοὺς ζωῆς· πληρώσεις με εὐφροσύνην μετὰ 28
τοῦ προσώπου σου. Ἄνδρες ἀδελφοί, ἐξὸν εἰπεῖν μετὰ παρρησίας πρὸς 29
ὑμᾶς περὶ τοῦ πατριάρχου Δαβίδ, ὅτι καὶ ἐτελεύτησε καὶ ἐτάφη, καὶ
τὸ μνῆμα αὐτοῦ ἐστιν ἐν ἡμῖν ἄχρι τῆς ἡμέρας ταύτης. προφήτης οὖν 30
ὑπάρχων, καὶ εἰδὼς ὅτι ὅρκῳ ὤμοσεν αὐτῷ ὁ θεὸς ἐκ καρποῦ τῆς ὀσφύος
αὐτοῦ τὸ κατὰ σάρκα ἀναστήσειν τὸν Χριστόν, καθίσαι ἐπὶ τοῦ θρόνου
αὐτοῦ, προϊδὼν ἐλάλησε περὶ τῆς ἀναστάσεως τοῦ Χριστοῦ, ὅτι οὐκ 31
ἐγκατελήφθη ἡ ψυχὴ αὐτοῦ εἰς ᾅδου οὐδὲ ἡ σὰρξ αὐτοῦ εἶδε διαφθοράν.
τοῦτον τὸν Ἰησοῦν ἀνέστησεν ὁ θεός, οὗ πάντες ἡμεῖς ἐσμεν μάρτυρες. 32
τῇ δεξιᾷ οὖν τοῦ θεοῦ ὑψωθεὶς τήν τε ἐπαγγελίαν τοῦ ἁγίου πνεύματος 33
λαβὼν παρὰ τοῦ πατρὸς ἐξέχεε τοῦτο ὃ νῦν ὑμεῖς βλέπετε καὶ ἀκούετε. οὐ 34
γὰρ Δαβὶδ ἀνέβη εἰς τοὺς οὐρανούς, λέγει δὲ αὐτός, Εἶπεν ὁ Κύριος τῷ
κυρίῳ μου, Κάθου ἐκ δεξιῶν μου ἕως ἂν θῶ τοὺς ἐχθρούς σου ὑποπόδιον 35
τῶν ποδῶν σου. ἀσφαλῶς οὖν γινωσκέτω πᾶς οἶκος Ἰσραὴλ ὅτι καὶ 36
κύριον καὶ Χριστὸν αὐτὸν ὁ θεὸς ἐποίησε, τοῦτον τὸν Ἰησοῦν ὃν ὑμεῖς
ἐσταυρώσατε.

Ἀκούσαντες δὲ κατενύγησαν τῇ καρδίᾳ, εἰπόντες πρὸς τὸν Πέτρον 37
καὶ τοὺς λοιποὺς ἀποστόλους, Τί ποιήσωμεν ἄνδρες ἀδελφοί; Πέτρος δὲ 38
ἔφη πρὸς αὐτούς, Μετανοήσατε, καὶ βαπτισθήτω ἕκαστος ὑμῶν ἐπὶ τῷ
ὀνόματι τοῦ κυρίου Ἰησοῦ Χριστοῦ εἰς ἄφεσιν ἁμαρτιῶν· καὶ λήψεσθε τὴν
δωρεὰν τοῦ ἁγίου πνεύματος. ὑμῖν γάρ ἐστιν ἡ ἐπαγγελία καὶ τοῖς 39
τέκνοις ὑμῶν καὶ πᾶσι τοῖς εἰς μακράν, ὅσους ἂν προσκαλέσηται Κύριος
ὁ θεὸς ἡμῶν. ἑτέροις τε λόγοις πλείοσι διεμαρτύρετο καὶ παρεκάλει 40
λέγων, Σώθητε ἀπὸ τῆς γενεᾶς ταύτης τῆς σκολιᾶς. οἱ μὲν οὖν ἀσμένως 41
ἀποδεξάμενοι τὸν λόγον αὐτοῦ ἐβαπτίσθησαν· καὶ προσετέθησαν τῇ ἡμέρᾳ
ἐκείνῃ ψυχαὶ ὡσεὶ τρισχίλιαι.

Ἦσαν δὲ προσκαρτεροῦντες ὁμοθυμαδὸν τῇ διδαχῇ τῶν ἀποστόλων καὶ 42
τῇ κοινωνίᾳ καὶ τῇ κλάσει τοῦ ἄρτου καὶ ταῖς προσευχαῖς. ἐγένετο δὲ πάσῃ 43
ψυχῇ φόβος, πολλά τε τέρατα καὶ σημεῖα διὰ τῶν χειρῶν τῶν ἀποστόλων
ἐγίνετο. πάντες δὲ οἱ πιστεύοντες ἦσαν ἐπὶ τὸ αὐτὸ καὶ εἶχον ἅπαντα κοινά, 44

28 πληρωσης cod

180 216 ϛ   28 ευφροσυνης 180 216 ϛ   29 ημας 216   30 αναστησει 216
31 ου κατεληφθη 216 ϛ (sed -ειφθη ϛ)   32 μαρτυρες εσμεν 216   33 τη
ουν δεξια 216   του πνευματος του αγιου 216   τουτο] τουτων 216
βλεπετε]+τε 216   36 πας]+ο 216   ο θεος αυτον 216   37 ειποντες]
ειπον τε 180 216 ϛ   ποιησομεν 216 ϛ   38 om του κυριου 180 216 ϛ
39 οσοις 180   προκαλεσηται 216   40 om τε 216   της σκολιας ταυτης
180 216 ϛ   42 om ομοθυμαδον 180 216 ϛ   43 φοβος]+μεγας 216
om των χειρων 216 ϛ   εγενετο 216   44 πιστευσαντες 180

45 καὶ τὰ κτήματα καὶ τὰς ὑπάρξεις ἐπίπρασκον καὶ διεμέριζον αὐτὰ πᾶσι,
46 καθὸ ἄν τις χρείαν εἶχε· καθ᾽ ἡμέραν τε προσκαρτεροῦντες ὁμοθυμαδὸν ἐν
τῷ ἱερῷ, κλῶντές τε κατ᾽ οἶκον ἄρτον, μετελάμβανον τροφῆς ἐν ἀγαλλιάσει
47 καὶ ἀφελότητι καρδίας, αἰνοῦντες τὸν θεὸν καὶ ἔχοντες χάριν πρὸς ὅλον
τὸν λαόν. ὁ δὲ κύριος προσετίθει τοὺς σωζομένους καθ᾽ ἡμέραν τῇ
ἐκκλησίᾳ.

III. Ἐπὶ τὸ αὐτὸ δὲ Πέτρος καὶ Ἰωάννης ἀνέβαινον εἰς τὸ ἱερὸν ἐπὶ
2 τὴν ὥραν τῆς προσευχῆς τὴν ἐννάτην. καί τις ἀνὴρ χωλὸς ἐκ κοιλίας
μητρὸς αὐτοῦ ὑπάρχων ἐβαστάζετο· ὃν ἐτίθουν καθ᾽ ἡμέραν πρὸς τὴν
θύραν τοῦ ἱεροῦ τὴν λεγομένην Ὡραίαν, τοῦ αἰτεῖν ἐλεημοσύνην παρὰ τῶν
3 εἰσπορευομένων εἰς τὸ ἱερόν. ὃς ἰδὼν Πέτρον καὶ Ἰωάννην μέλλοντας
4 εἰσιέναι εἰς τὸ ἱερὸν ἠρώτα ἐλεημοσύνην λαβεῖν. ἀτενίσας δὲ Πέτρος εἰς
5 αὐτὸν σὺν τῷ Ἰωάννῃ εἶπε, Βλέψον εἰς ἡμᾶς. ὁ δὲ ἐπεῖχεν αὐτοῖς,
6 προσδοκῶν τι παρ᾽ αὐτοῖς λαβεῖν. εἶπε δὲ Πέτρος, Ἀργύριον καὶ χρυσίον
οὐχ ὑπάρχει μοι· ὃ δὲ ἔχω τοῦτό σοι δίδωμι. ἐν τῷ ὀνόματι Ἰησοῦ Χριστοῦ
7 τοῦ Ναζωραίου ἔγειραι καὶ περιπάτει. καὶ πιάσας αὐτὸν τῆς δεξιᾶς
χειρὸς ἤγειρε· παραχρῆμα δὲ ἐστερεώθησαν αὐτοῦ αἱ βάσεις καὶ τὰ σφυρά,
8 καὶ ἐξαλλόμενος ἔστη καὶ περιεπάτει, καὶ εἰσῆλθε σὺν αὐτοῖς εἰς τὸ ἱερὸν
9 περιπατῶν καὶ ἀλλόμενος καὶ αἰνῶν τὸν θεόν. καὶ εἶδεν αὐτὸν πᾶς ὁ λαὸς
10 περιπατοῦντα καὶ αἰνοῦντα τὸν θεόν· ἐπεγίνωσκόν τε αὐτὸν ὅτι οὗτος ἦν ὁ
πρὸς τὴν ἐλεημοσύνην καθήμενος ἐπὶ τῇ Ὡραίᾳ πύλῃ τοῦ ἱεροῦ· καὶ
ἐπλήσθησαν θάμβους καὶ ἐκστάσεως ἐπὶ τῷ συμβεβηκότι αὐτῷ.
11 Κρατοῦντος δὲ τοῦ ἰαθέντος χωλοῦ τὸν Πέτρον καὶ Ἰωάννην συνέδραμε
πρὸς αὐτοὺς πᾶς ὁ λαὸς ἐπὶ τῇ στοᾷ τῇ καλουμένῃ Σολομῶντος ἔκθαμβοι.
12 ἰδὼν δὲ Πέτρος ἀπεκρίνατο πρὸς τὸν λαόν, Ἄνδρες Ἰσραηλῖται, τί θαυμάζετε
ἐπὶ τούτῳ, ἢ ἡμῖν τί ἀτενίζετε ὡς ἰδίᾳ δυνάμει ἢ εὐσεβείᾳ πεποιηκόσι τοῦ
13 περιπατεῖν αὐτόν; ὁ θεὸς Ἀβραὰμ καὶ Ἰσαὰκ καὶ Ἰακὼβ, ὁ θεὸς τῶν
πατέρων ἡμῶν, ἐδόξασε τὸν παῖδα αὐτοῦ Ἰησοῦν· ὃν ὑμεῖς μὲν παρεδώκατε,
καὶ ἠρνήσασθε αὐτὸν κατὰ πρόσωπον Πιλάτου, κρίναντος ἐκείνου ἀπολύειν.
14 ὑμεῖς δὲ τὸν ἅγιον καὶ δίκαιον ἠρνήσασθε, καὶ ᾐτήσασθε ἄνδρα φονέα
15 χαρισθῆναι ὑμῖν, τὸν δὲ ἀρχηγὸν τῆς ζωῆς ἀπεκτείνατε· ὃν ὁ θεὸς ἤγειρεν
16 ἐκ νεκρῶν, οὗ ἡμεῖς μάρτυρές ἐσμεν. καὶ ἐπὶ τῇ πίστει τοῦ ὀνόματος
αὐτοῦ τοῦτον ὃν θεωρεῖτε καὶ οἴδατε ἐστερέωσε τὸ ὄνομα αὐτοῦ καὶ ἡ πίστις

---

11 Ιωαννην] Ἰω cod      12 ατενιζεται cod sed ipsa p. m. scripsit ε super αι

45 καθο] καθοτι 216 ϛ      47 om ολον 180      καθ ημερας 216      om 180 216 ϛ
ο δε κυριος...εκκλησια 180
1 Ιωαννης] Ἰω 180      ενατην 180      3 om λαβειν 216      5 αυτοις
2°] αυτων 180 216 ϛ      6 εγειραι] εγυρε 216 (?)      9 ειδε πας ο λαος αυτον 216
11 του ιαθεντος χωλου] αυτου 216      om τον 216      Ιωαννην] Ἰω 180
Σολομωνος 216      13 om μεν ϛ

ἢ δι' αὐτοῦ ἔδωκεν αὐτῷ τὴν ὁλοκληρίαν ταύτην ἀπέναντι πάντων ὑμῶν.
καὶ νῦν, ἀδελφοί, οἶδα ὅτι κατὰ ἄγνοιαν ἐπράξατε, ὥσπερ καὶ οἱ ἄρχοντες 17
ὑμῶν· ὁ δὲ θεὸς ἃ προκατήγγειλε διὰ στόματος πάντων τῶν προφητῶν 18
αὐτοῦ παθεῖν τὸν Χριστὸν ἐπλήρωσεν οὕτως. μετανοήσατε οὖν καὶ ἐπιστρέ- 19
ψατε εἰς τὸ ἐξαλειφθῆναι ὑμῶν τὰς ἁμαρτίας, ὅπως ἂν ἔλθωσι καιροὶ
ἀναψύξεως ἀπὸ προσώπου Κυρίου, καὶ ἀποστείλῃ τὸν προκεχειρισμένον ὑμῖν 20
Ἰησοῦν Χριστόν, ὃν δεῖ οὐρανὸν μὲν δέξασθαι ἄχρι χρόνων ἀποκαταστάσεως 21
πάντων, ὧν ἐλάλησεν ὁ θεὸς διὰ στόματος πάντων τῶν προφητῶν ἁγίων
αὐτοῦ ἀπ' αἰῶνος. Μωσῆς μὲν γὰρ πρὸς τοὺς πατέρας εἶπεν ὅτι Προφήτην 22
ὑμῖν ἀναστήσει Κύριος ὁ θεὸς ἡμῶν ἐκ τῶν ἀδελφῶν ὑμῶν ὡς ἐμέ· αὐτοῦ
ἀκούσεσθε κατὰ πάντα ὅσα ἂν λαλήσῃ πρὸς ὑμᾶς. ἔσται δέ, πᾶσα ψυχὴ 23
ἥτις ἐὰν μὴ ἀκούσῃ τοῦ προφήτου ἐκείνου ἐξολοθρευθήσεται ἐκ τοῦ λαοῦ
αὐτῆς. καὶ πάντες δὲ οἱ προφῆται ἀπὸ Σαμουὴλ καὶ τῶν καθεξῆς ὅσοι 24
ἐλάλησαν καὶ κατήγγειλαν τὰς ἡμέρας ταύτας. ὑμεῖς ἐστε υἱοὶ τῶν 25
προφητῶν καὶ τῆς διαθήκης ἧς διέθετο ὁ θεὸς τοὺς πατέρας ἡμῶν, λέγων
πρὸς Ἀβραάμ, Καὶ ἐν τῷ σπέρματί σου ἐνευλογηθήσονται πᾶσαι αἱ
πατριαὶ τῆς γῆς. ὑμῖν πρῶτον ὁ θεὸς ἀναστήσας τὸν παῖδα αὐτοῦ Ἰησοῦν 26
ἀπέστειλεν αὐτὸν εὐλογοῦντα ὑμᾶς, ἐν τῷ ἀποστρέφειν ἕκαστον ἀπὸ τῶν
πονηριῶν ὑμῶν.

IV. Λαλούντων δὲ αὐτῶν πρὸς τὸν λαὸν ἐπέστησαν αὐτοῖς οἱ ἱερεῖς
καὶ ὁ στρατηγὸς τοῦ ἱεροῦ καὶ οἱ Σαδδουκαῖοι, διαπονούμενοι διὰ τὸ 2
διδάσκειν αὐτοὺς τὸν λαὸν καὶ καταγγέλλειν ἐν τῷ Ἰησοῦ τὴν ἀνάστασιν
τῶν νεκρῶν· καὶ ἐπέβαλον αὐτοῖς τὰς χεῖρας καὶ ἔθεντο αὐτοὺς εἰς τήρησιν 3
εἰς τὴν αὔριον, ἦν γὰρ ἑσπέρα ἤδη. πολλοὶ δὲ τῶν ἀκουσάντων τὸν λόγον 4
ἐπίστευσαν· καὶ ἐγενήθη ὁ ἀριθμὸς τῶν ἀνδρῶν ὡσεὶ χιλιάδες πέντε.
ἐγένετο δὲ ἐπὶ τὴν αὔριον συναχθῆναι αὐτῶν τοὺς ἄρχοντας καὶ πρεσβυ- 5
τέρους καὶ γραμματεῖς εἰς Ἱερουσαλήμ, καὶ Ἄνναν τὸν ἀρχιερέα καὶ 6
Καϊάφαν καὶ Ἰωάννην καὶ Ἀλέξανδρον καὶ ὅσοι ἦσαν ἐκ γένους ἀρχιε-
ρατικοῦ. καὶ στήσαντες αὐτοὺς ἐν μέσῳ ἐπυνθάνοντο, Ἐν ποίᾳ δυνάμει ἢ 7
ἐν ποίῳ ὀνόματι ἐποιήσατε τοῦτο ὑμεῖς; τότε Πέτρος πλησθεὶς πνεύματος 8
ἁγίου εἶπε πρὸς αὐτούς, Ἄρχοντες τοῦ λαοῦ καὶ πρεσβύτεροι τοῦ Ἰσραὴλ, εἰ 9

18 ουτος cod    24 κατηγγειλαν] ιλαν rescripsit m. recentior ιλε

180 216    18 om παθειν 180    Χριστον]+αυτου 216    19 Κυριου] pr του 216 ς
ς    20 προκεχειρισμενον] προκεκηρυγμενον ς    Χριστον Ιησουν 216    21 παντων
αγιων αυτου προφητων 216 ς    απ αιωνος] pr των 216    22 ημων] υμων ς
λαλησει 216    23 εαν] αν ς    om αυτης 180 216 ς    24 προκατηγγειλαν ς
25 υιοι] pr οι 180 216    τους π.] pr προς 180 216 ς    om εν ς
1 λαον]+τα ρηματα ταυτα 216    2 των] την εκ ς    3 om αυτους
180 216 ς    5 τους πρεσβ. και τους γραμμ. 216    7 μεσω] pr τω
216* ς sed 216corr erasit

ἡμεῖς σήμερον ἀνακρινόμεθα ἐπὶ εὐεργεσίᾳ ἀσθενοῦς, ἐν τίνι οὗτος σέσωσται,
10 γνωστὸν ἔστω πᾶσιν ὑμῖν καὶ παντὶ τῷ λαῷ Ἰσραὴλ ὅτι ἐν τῷ ὀνόματι
Ἰησοῦ Χριστοῦ τοῦ Ναζωραίου, ὃν ὑμεῖς ἐσταυρώσατε, ὃν ὁ θεὸς ἤγειρεν ἐκ
11 νεκρῶν, ἐν τούτῳ οὗτος παρέστηκεν ἐνώπιον ὑμῶν ὑγιής. οὗτός ἐστιν ὁ
λίθος ὁ ἐξουθενηθεὶς ὑφ' ἡμῶν τῶν οἰκοδομούντων, ὁ γενόμενος εἰς κεφαλὴν
12 γωνίας. καὶ οὐκ ἔστιν ἐν ἄλλῳ οὐδενὶ ἡ σωτηρία· οὔτε γὰρ ὄνομά ἐστιν
ἕτερον τὸ δεδομένον ἐν ἀνθρώποις, ἐν ᾧ δεῖ σωθῆναι ἡμᾶς.
13      Θεωροῦντες δὲ τὴν τοῦ Πέτρου παρρησίαν καὶ Ἰωάννου, καὶ κατα-
λαβόμενοι ὅτι ἄνθρωποι ἀγράμματοί εἰσι καὶ ἰδιῶται, ἐθαύμαζον, ἐπεγί-
14 νωσκόν τε αὐτοὺς ὅτι σὺν τῷ Ἰησοῦ ἦσαν· τὸν δὲ ἄνθρωπον βλέποντες
15 σὺν αὐτοῖς ἑστῶτα τὸν τεθεραπευμένον οὐδὲν εἶχον ἀντειπεῖν. κελεύσαντες
16 δὲ αὐτοὺς ἔξω τοῦ συνεδρίου ἀπελθεῖν συνέβαλλον πρὸς ἀλλήλους λέγοντες, Τί
ποιήσομεν τοῖς ἀνθρώποις τούτοις; ὅτι μὲν γνωστὸν σημεῖον γέγονε δι' αὐτῶν
πᾶσι τοῖς κατοικοῦσιν Ἰερουσαλὴμ φανερόν, καὶ οὐ δυνάμεθα ἀρνήσασθαι·
17 ἀλλ' ἵνα μὴ ἐπὶ πλεῖον διανεμηθῇ εἰς τὸν λαόν, ἀπειλῇ ἀπειλησόμεθα αὐτοῖς
18 μηκέτι λαλεῖν μηδενὶ ἀνθρώπων ἐπὶ τῷ ὀνόματι τούτῳ. καὶ καλέσαντες
αὐτοὺς παρήγγειλαν αὐτοῖς τὸ καθόλου μὴ φθέγγεσθαι μηδὲ διδάσκειν ἐπὶ
19 τῷ ὀνόματι Ἰησοῦ. ὁ δὲ Πέτρος καὶ Ἰωάννης ἀποκριθέντες πρὸς αὐτοὺς
εἶπον, Εἰ δίκαιόν ἐστιν ἐνώπιον τοῦ θεοῦ ὑμῶν ἀκούειν μᾶλλον ἢ τοῦ θεοῦ,
20 κρίνατε· οὐ δυνάμεθα γὰρ ἡμεῖς ἃ εἴδομεν καὶ ἠκούσαμεν μὴ λαλεῖν.
21 οἱ δὲ προσαπειλησάμενοι ἀπέλυσαν αὐτούς, μηδὲν εὑρίσκοντες τὸ πῶς
κολάσονται αὐτούς, διὰ τὸν λαόν, ὅτι πάντες ἐδόξαζον τὸν θεὸν ἐπὶ τῷ
22 γεγονότι. ἐτῶν γὰρ ἦν πλειόνων τεσσαράκοντα ὁ ἄνθρωπος ἐφ' ὃν
ἐγεγόνει τὸ σημεῖον τοῦτο τῆς ἰάσεως.
23      Ἀπολυθέντες δὲ ἦλθον πρὸς τοὺς ἰδίους, καὶ ἀπήγγειλαν ὅσα πρὸς
24 αὐτοὺς οἱ ἀρχιερεῖς καὶ οἱ πρεσβύτεροι εἶπον. οἱ δὲ ἀκούσαντες ὁμοθυ-
μαδὸν ἦραν φωνὴν πρὸς τὸν θεὸν καὶ εἶπον, Δέσποτα, σὺ ὁ θεὸς ὁ
ποιήσας τὸν οὐρανὸν καὶ τὴν γῆν καὶ τὴν θάλασσαν καὶ πάντα τὰ ἐν

---

9 ασθενους] pr ανου m. recent.      13 εισι] ησι cod      14 αντιπειν cod
16 μεν] add. γαρ m. rec.

---

9 ασθενους] pr ανθρωπον 180 216 ϛ      11 εξουδενωθεις 216      υμων 180 216
180 216 ϛ      οικοδομων 216      12 ετερον εστι 216      ετερον]+υπο      ϛ
τον ουρανον 216* ϛ sed 216ᶜᵒʳʳ erasit      εν 2°] τοις 216      13 επεγινωσκοντες
180      14 δε] τε 216      15 om δε 216      ἔξω του συνεδριου αυτους 216
συνεβαλον 180 216 ϛ      16 ποιησωμεν 180      μεν]+γαρ 180 216 ϛ
αρνεισθαι 216      17 απειλησωμεθα 216 ϛ      επι τω ονοματι τουτω μηδενι
ανθρωπων 180 216 ϛ      18 Ιησου] pr του 216 ϛ      19 Ιωαννης] Ἰω̄ 180
ειπον προς αυτους 216      21 κολασωνται ϛ      22 ο ανθρωπος τεσσαρακοντα
216      24 φωνην] pr την 216

αὐτοῖς, ὁ διὰ στόματος Δαβὶδ **παιδός** σου εἰπών, Ἱνατί ἐφρύαξαν ἔθνη, 25
καὶ λαοὶ ἐμελέτησαν κενά; παρέστησαν οἱ βασιλεῖς τῆς γῆς, καὶ οἱ 26
ἄρχοντες συνήχθησαν ἐπὶ τὸ αὐτὸ κατὰ τοῦ κυρίου καὶ κατὰ τοῦ Χριστοῦ
αὐτοῦ. συνήχθησαν γὰρ ἐπ᾽ ἀληθείας ἐπὶ τὸν ἅγιόν σου **παῖδα** Ἰησοῦν, ὃν 27
ἔχρισας, Ἡρώδης τε καὶ Πόντιος Πιλάτος σὺν ἔθνεσι καὶ λαοῖς Ἰσραὴλ,
ποιῆσαι ὅσα ἡ χείρ σου καὶ ἡ βουλή σου προώρισε γενέσθαι. καὶ τὰ νῦν, 28
29
κύριε, ἔπιδε ἐπὶ τὰς ἀπειλὰς αὐτῶν, καὶ δὸς τοῖς δούλοις σου μετὰ **παρρησίας**
λαλεῖν τὸν λόγον σου ἐν τῷ τὴν χεῖρά σου ἐκτείνειν σε εἰς ἴασιν καὶ σημεῖα 30
καὶ τέρατα γίνεσθαι διὰ τοῦ ὀνόματος τοῦ ἁγίου παιδός σου Ἰησοῦ. καὶ 31
δεηθέντων αὐτῶν ἐσαλεύθη ὁ τόπος ἐν ᾧ ἦσαν συνηγμένοι, καὶ ἐπλήσθησαν
ἅπαντες πνεύματος ἁγίου, καὶ ἐλάλουν τὸν λόγον τοῦ θεοῦ μετὰ παρρησίας.
Τοῦ δὲ πλήθους τῶν πιστευσάντων ἦν ἡ καρδία καὶ ἡ ψυχὴ μία· καὶ 32
οὐδὲ εἷς τι τῶν ὑπαρχόντων αὐτῷ ἔλεγεν ἴδιον εἶναι, ἀλλ᾽ ἦν αὐτοῖς ἅπαντα
κοινά. καὶ μεγάλῃ δυνάμει ἀπεδίδουν τὸ μαρτύριον οἱ ἀπόστολοι τῆς 33
ἀναστάσεως τοῦ κυρίου Ἰησοῦ, χάρις τε μεγάλη ἦν ἐπὶ πάντας αὐτούς.
οὐδὲ γὰρ ἐνδεής τις ὑπῆρχεν ἐν αὐτοῖς· ὅσοι γὰρ κτήτορες χωρίων ἢ 34
οἰκιῶν ὑπῆρχον, πωλοῦντες ἔφερον τὰς τιμὰς τῶν πιπρασκομένων, καὶ 35
ἐτίθουν παρὰ τοὺς πόδας τῶν ἀποστόλων· διεδίδοτο δὲ ἑκάστῳ **καθό** τις
χρείαν εἶχεν.
Ἰωσῆς δὲ ὁ ἐπικληθεὶς Βαρνάβας ἀπὸ τῶν ἀποστόλων, ὅ ἐστι μεθερμη- 36
νευόμενον υἱὸς παρακλήσεως, Λευΐτης, Κύπριος τῷ γένει, ὑπάρχοντος αὐτῷ 37
ἀγροῦ πωλήσας ἤνεγκε τὸ χρῆμα καὶ ἔθηκε παρὰ τοὺς πόδας τῶν ἀποστόλων.
V. Ἀνὴρ δέ τις Ἀνανίας ὀνόματι σὺν Σαπφείρῃ τῇ γυναικὶ αὐτοῦ
ἐπώλησε **κτῆμα**, συνειδυίας καὶ τῆς γυναικὸς αὐτοῦ, καὶ ἐνέγκας μέρος τι 2
παρὰ τοὺς πόδας τῶν ἀποστόλων ἔθηκεν. εἶπε δὲ Πέτρος, Ἀνανία, διατί 3
ἐπλήρωσεν ὁ Σατανᾶς τὴν καρδίαν σου ψεύσασθαί σε τὸ πνεῦμα τὸ ἅγιον
καὶ νοσφίσασθαι ἀπὸ τῆς τιμῆς τοῦ χωρίου; οὐχὶ μένον σοὶ ἔμενε, καὶ 4
πραθὲν ἐν τῇ σῇ ἐξουσίᾳ ὑπῆρχε; τί ὅτι ἔθου ἐν τῇ καρδίᾳ σου τὸ πρᾶγμα
τοῦτο; οὐκ ἐψεύσω ἀνθρώποις ἀλλὰ τῷ θεῷ. ἀκούων δὲ Ἀνανίας τοὺς 5
λόγους τούτους πεσὼν ἐξέψυξε· καὶ ἐγένετο φόβος μέγας ἐπὶ πάντας

28 προωρισε cod          29 μετα παρρη (in fine lineae) in rasura sed p. m.
30 Inter αγιου et παιδος exstat rasura, spat. trium litt.          34 ενδεος cod
2 συνεδυιας cod

25 παιδος] pr του 180 5          27 επ αληθειας] om 180, + εν τη πολει
ταυτη 216          παιδα σου 180 216 5          om τε 180          29 παρρησιας]+πασης
180 216 5          30 ιασιν] ιασεις 180          33 δυναμει μεγαλη 216
35 καθο] καθοτι αν 216 5          36 υπο 216 5          37 αυτω] αυτου 180
1 ονοματι Ανανιας 216          κτημα]+και ενοσφισατο απο της τιμης 180 216 5
3 Πετρος]+προς αυτον 216          4 εν 1°] επι 216          5 Ανανιας] pr ο 180

6 τοὺς ἀκούοντας ταῦτα. ἀναστάντες δὲ οἱ νεώτεροι συνέστειλαν αὐτὸν καὶ
7 ἐξενέγκαντες ἔθαψαν. ἐγένετο δὲ ὡς ὡρῶν τριῶν διάστημα, καὶ ἡ γυνὴ
8 αὐτοῦ μὴ εἰδυῖα τὸ γεγονὸς εἰσῆλθεν. ἀπεκρίθη δὲ ὁ Πέτρος, Εἰπέ μοι,
9 εἰ τοσούτου χωρίον ἀπέδοσθε; ἡ δὲ εἶπε, Ναί, τοσούτου. ὁ δὲ Πέτρος
εἶπε πρὸς αὐτήν, Τί ὅτι συνεφωνήθη ὑμῖν πειράσαι τὸ πνεῦμα Κυρίου;
ἰδοὺ οἱ πόδες τῶν θαψάντων τὸν ἄνδρα σου ἐπὶ τῇ θύρᾳ, καὶ ἐξοίσουσί σε.
10 ἔπεσε δὲ παραχρῆμα παρὰ τοὺς πόδας αὐτοῦ καὶ ἐξέψυξεν· εἰσελθόντες δὲ
οἱ νεανίσκοι εὗρον αὐτὴν νεκράν, καὶ ἐξενέγκαντες ἔθαψαν πρὸς τὸν ἄνδρα
11 αὐτῆς. καὶ ἐγένετο φόβος μέγας ἐφ᾽ ὅλην τὴν ἐκκλησίαν καὶ ἐπὶ πάντας
τοὺς ἀκούοντας ταῦτα.
12 Διὰ δὲ τῶν χειρῶν τῶν ἀποστόλων ἐγένετο σημεῖα καὶ τέρατα ἐν τῷ
λαῷ πολλά· καὶ ἦσαν ὁμοθυμαδὸν ἅπαντες ἐν τῇ στοᾷ Σολομῶντος·
13 τῶν δὲ λοιπῶν οὐδεὶς ἐτόλμα κολλᾶσθαι αὐτοῖς, ἀλλ᾽ ἐμεγάλυνεν αὐτοὺς ὁ
14 λαός· μᾶλλον δὲ προσετίθεντο πιστεύοντες τῷ κυρίῳ πλήθη ἀνδρῶν τε καὶ
15 γυναικῶν· ὥστε κατὰ τὰς πλατείας ἐκφέρειν τοὺς ἀσθενεῖς καὶ τιθέναι ἐπὶ
κλινῶν καὶ κραββάτων, ἵνα ἐρχομένου Πέτρου κἂν ἡ σκιὰ ἐπισκιάσει τινὶ
16 αὐτῶν. συνήρχοντο δὲ καὶ τὸ πλῆθος τῶν πέριξ πόλεων εἰς Ἱερουσαλήμ,
φέροντες ἀσθενεῖς καὶ ὀχλουμένους ὑπὸ πνευμάτων ἀκαθάρτων, οἵτινες
ἐθεραπεύοντο ἅπαντες.
17 Ἀναστὰς δὲ ὁ ἀρχιερεὺς καὶ πάντες οἱ σὺν αὐτῷ, ἡ οὖσα αἵρεσις τῶν
18 Σαδδουκαίων, ἐπλήσθησαν ζήλου, καὶ ἐπέβαλον τὰς χεῖρας αὐτῶν ἐπὶ τοὺς
19 ἀποστόλους, καὶ ἔθεντο αὐτοὺς ἐν τηρήσει δημοσίᾳ. ἄγγελος δὲ Κυρίου
διὰ τῆς νυκτὸς ἤνοιξε τὰς θύρας τῆς φυλακῆς, καὶ ἐξαγαγών τε αὐτοὺς εἶπε,
20 Πορεύεσθε, καὶ σταθέντες λαλεῖτε ἐν τῷ ἱερῷ τῷ λαῷ πάντα τὰ ῥήματα
21 τῆς ζωῆς ταύτης. ἀκούσαντες δὲ εἰσῆλθον ὑπὸ τὸν ὄρθρον εἰς τὸ ἱερὸν
καὶ ἐδίδασκον. παραγενόμενος δὲ ὁ ἀρχιερεὺς καὶ οἱ σὺν αὐτῷ συνεκάλεσαν
τὸ συνέδριον καὶ πᾶσαν τὴν γερουσίαν τῶν υἱῶν Ἰσραήλ, καὶ ἀπέστειλαν
22 εἰς τὸ δεσμωτήριον ἀχθῆναι αὐτούς. οἱ δὲ ὑπηρέται παραγενόμενοι οὐχ
23 εὗρον αὐτοὺς ἐν τῇ φυλακῇ· ἀναστρέψαντες δὲ ἀπήγγειλαν λέγοντες ὅτι
Τὸ μὲν δεσμωτήριον εὕρομεν κεκλεισμένον ἐν πάσῃ ἀσφαλείᾳ καὶ τοὺς
24 φύλακας ἑστῶτας πρὸ θυρῶν· ἀνοίξαντες δὲ ἔσω οὐδένα εὕρομεν. ὡς δὲ
ἤκουσαν τοὺς λόγους τούτους ὅ τε ἱερεὺς καὶ ὁ στρατηγὸς τοῦ ἱεροῦ καὶ οἱ
25 ἀρχιερεῖς, διηπόρουν περὶ αὐτῶν, τί ἂν γένοιτο τοῦτο. παραγενόμενος δέ
τις ἀπήγγειλεν αὐτοῖς ὅτι Ἰδοὺ οἱ ἄνδρες οὓς ἔθεσθε ἐν τῇ φυλακῇ εἰσὶν ἐν

7 γεγονως cod

8 απεκριθη δε] και απεκριθη 180, +αυτη 180 216 ϛ    χωριον] pr το 180 216 ϛ 180 216
12 εγινετο 216    Σολομωντος] του Σολομωνος 216    15 κραβατων 216    ϛ
επισκιαση 180 216 ϛ    16 συνηρχοντο] συνηρχετο 180 216 ϛ    om και
1° 216    18 επεβαλλον 216    19 om και 180 216 ϛ    23 εστωτας] pr
εξω ϛ    προ] προς 216    θυρων] pr των 180 216 ϛ    25 οτι] pr λεγων ϛ

τῷ ἱερῷ ἑστῶτες καὶ διδάσκοντες τὸν λαόν. τότε ἀπελθὼν ὁ στρατηγὸς 26
σὺν τοῖς ὑπηρέταις ἤγαγεν αὐτούς, οὐ μετὰ βίας, ἐφοβοῦντο γὰρ τὸν λαόν,
ἵνα μὴ λιθασθῶσιν. ἀγαγόντες δὲ αὐτοὺς ἔστησαν ἐν τῷ συνεδρίῳ· καὶ 27
ἐπηρώτησεν αὐτοὺς ὁ ἀρχιερεὺς λέγων, Οὐ παραγγελίᾳ παρηγγείλαμεν ὑμῖν 28
μὴ διδάσκειν ἐπὶ τῷ ὀνόματι τούτῳ; καὶ ἰδοὺ πεπληρώκατε τὴν Ἰερουσαλὴμ
τῆς διδαχῆς ὑμῶν, καὶ βούλεσθε ἐπαγαγεῖν ἐφ᾽ ἡμᾶς τὸ αἷμα τοῦ ἀνθρώπου
τούτου. ἀποκριθεὶς δὲ **Πέτρος** καὶ οἱ ἀπόστολοι εἶπον, Πειθαρχεῖν δεῖ 29
θεῷ μᾶλλον ἢ ἀνθρώποις. ὁ θεὸς τῶν πατέρων ἡμῶν ἤγειρεν Ἰησοῦν, ὃν 30
ὑμεῖς διεχειρίσασθε κρεμάσαντες ἐπὶ ξύλου· τοῦτον ὁ θεὸς ἀρχηγὸν καὶ 31
σωτῆρα ὕψωσε τῇ δεξιᾷ αὐτοῦ, δοῦναι μετάνοιαν τῷ Ἰσραὴλ καὶ ἄφεσιν
ἁμαρτιῶν. καὶ ἡμεῖς ἐσμεν μάρτυρες τῶν ῥημάτων τούτων, καὶ τὸ πνεῦμα 32
δὲ τὸ ἅγιον ὃ ἔδωκεν ὁ θεὸς τοῖς πειθαρχοῦσιν αὐτῷ.

Οἱ δὲ ἀκούσαντες **τὰ ῥήματα ταῦτα** διεπρίοντο καὶ **ἐβούλοντο** ἀνελεῖν 33
αὐτούς. ἀναστὰς δέ τις ἐν τῷ συνεδρίῳ Φαρισαῖος, ὀνόματι Γαμαλιήλ, 34
νομοδιδάσκαλος τίμιος παντὶ τῷ λαῷ, ἐκέλευσεν ἔξω **βραχὺ** τοὺς ἀποστόλους
ποιῆσαι, εἶπε **δὲ** πρὸς αὐτούς, Ἄνδρες Ἰσραηλῖται, προσέχετε ἑαυτοῖς ἐπὶ 35
τοῖς ἀνθρώποις τούτοις τί μέλλετε πράσσειν. πρὸ γὰρ τούτων τῶν ἡμερῶν 36
ἀνέστη Θευδᾶς, λέγων εἶναί τινα ἑαυτὸν **μέγαν**, ᾧ προσεκολλήθη ἀριθμὸς
ἀνδρῶν **ὡς** τετρακοσίων· ὃς ἀνῃρέθη, καὶ πάντες ὅσοι ἐπείθοντο αὐτῷ
**διεσκορπίσθησαν** καὶ ἐγένοντο εἰς οὐδέν. μετὰ τοῦτον ἀνέστη Ἰούδας ὁ 37
Γαλιλαῖος ἐν ταῖς ἡμέραις τῆς ἀπογραφῆς, καὶ ἀπέστησεν **ἱκανὸν λαὸν**
ὀπίσω αὐτοῦ· κἀκεῖνος ἀπώλετο, καὶ πάντες ὅσοι ἐπείθοντο αὐτῷ διεσκορπί-
σθησαν. καὶ τὰ νῦν λέγω ὑμῖν, ἀπόστητε ἀπὸ τῶν ἀνθρώπων τούτων καὶ 38
ἐάσατε αὐτούς· ὅτι ἐὰν ᾖ ἐξ ἀνθρώπων ἡ βουλὴ αὕτη ἢ τὸ ἔργον τοῦτο,
καταλυθήσεται· εἰ δὲ ἐκ τοῦ θεοῦ ἐστιν αὐτό, οὐ **δυνήσεσθε** καταλῦσαι 39
αὐτούς· ἀπόσχεσθε οὖν ἀπὸ τῶν **ἄνδρων** τούτων μήποτε καὶ θεομάχοι εὑρεθῆτε.
ἐπείσθησαν δὲ αὐτῷ· καὶ προσκαλεσάμενοι τοὺς ἀποστόλους δείραντες 40
παρήγγειλαν μὴ λαλεῖν ἐπὶ τῷ ὀνόματι τοῦ Ἰησοῦ, καὶ ἀπέλυσαν αὐτούς.
οἱ μὲν οὖν **ἀπόστολοι** ἐπορεύοντο χαίροντες ἀπὸ προσώπου τοῦ συνεδρίου, 41
ὅτι ὑπὲρ τοῦ ὀνόματος **τοῦ κυρίου** Ἰησοῦ κατηξιώθησαν ἀτιμασθῆναι·

35 πιπρασσειν cod    37 αυτω] αυτο cod

180 216    29 Πετρος] pr ο ϛ    32 εσμεν] + αυτου 180 ϛ, + αυτο 216    om
ϛ    δε 180    33 ακουοντες 216    om τα ρηματα ταυτα 216 ϛ    εβου-
λευοντο 216 ϛ    34 βραχυ]+τι 216 ϛ    35 δε] τε 216 ϛ    36 om
μεγαν 216 ϛ    ως] ωσει 216 ϛ    διεσκορπισθησαν] διελυθησαν 216 ϛ
37 λαον ικανον 216 ϛ    38 om αυτη 216    39 om του 180 216 ϛ
om αυτο 216 ϛ    δυνασθε 180 216 ϛ    αυτους] αυτο 180 216 ϛ
om αποσχεσθε......τουτων 216 ϛ    41 om αποστολοι 216 ϛ    του κυριου
Ιησου] αυτου 216 ϛ

42 πᾶσάν τε ἡμέραν ἐν τῷ ἱερῷ καὶ κατ᾽ οἶκον οὐκ ἐπαύοντο διδάσκοντες
καὶ εὐαγγελιζόμενοι τὸν Χριστὸν Ἰησοῦν.

VI. Ἐν δὲ ταῖς ἡμέραις ταύταις πληθυνόντων τῶν μαθητῶν ἐγένετο
γογγυσμὸς τῶν Ἑλληνιστῶν πρὸς τοὺς Ἑβραίους, ὅτι παρεθεωροῦντο ἐν
2 τῇ διακονίᾳ τῇ καθημερινῇ αἱ χῆραι αὐτῶν. προσκαλεσάμενοι δὲ οἱ δώδεκα
τὸ πλῆθος τῶν μαθητῶν εἶπον, Οὐκ ἀρεστόν ἐστι καταλιπόντας ἡμᾶς τὸν
3 λόγον τοῦ θεοῦ διακονεῖν τραπέζαις. ἐπισκέψασθε οὖν, ἀδελφοί, ἄνδρας
ἐξ ὑμῶν μαρτυρουμένους ἑπτά, πλήρεις πνεύματος καὶ σοφίας, οὓς καταστή-
4 σομεν ἐπὶ τῆς χρείας ταύτης· ἡμεῖς δὲ τῇ προσευχῇ καὶ τῇ διακονίᾳ τοῦ
5 λόγου προσκαρτερήσομεν. καὶ ἤρεσεν ὁ λόγος ἐνώπιον παντὸς τοῦ
πλήθους· καὶ ἐξελέξαντο Στέφανον, ἄνδρα πλήρης πίστεως καὶ πνεύματος
ἁγίου, καὶ Φίλιππον καὶ Πρόχορον καὶ Νικάνορα καὶ Τίμωνα καὶ Παρμενᾶν
6 καὶ Νικόλαον προσήλυτον Ἀντιοχέα, οὓς ἔστησαν ἐνώπιον τῶν ἀποστόλων·
7 καὶ προσευξάμενοι ἐπέθηκαν αὐτοῖς τὰς χεῖρας. καὶ ὁ λόγος τοῦ κυρίου
ηὔξανε, καὶ ἐπληθύνετο ὁ ἀριθμὸς τῶν μαθητῶν ἐν Ἱερουσαλὴμ σφόδρα,
πολύς τε ὄχλος τῶν ἱερέων ὑπήκουσε τῇ πίστει.

8 Στέφανος δὲ πλήρης χάριτος καὶ δυνάμεως ἐποίει τέρατα καὶ σημεῖα
9 μεγάλα ἐν τῷ λαῷ διὰ τοῦ ὀνόματος τοῦ κυρίου Ἰησοῦ Χριστοῦ. ἐξανέστησαν
δέ τινες τῶν ἐκ τῆς συναγωγῆς τῆς λεγομένης Λιβερτίνων καὶ Κυρηναίων
καὶ Ἀλεξανδρέων καὶ τῶν ἀπὸ Κιλικίας καὶ Ἀσίας συζητοῦντες τῷ
10 Στεφάνῳ· καὶ οὐκ ἴσχυον ἀντιστῆναι τῇ σοφίᾳ καὶ τῷ πνεύματι ᾧ
11 ἐλάλει. τότε ὑπέβαλον ἄνδρας λέγοντας ὅτι Ἀκηκόαμεν αὐτοῦ λαλοῦντος
12 ῥήματα βλασφημίας εἰς Μωσῆν καὶ τὸν θεόν. συνεκίνησάν τε τὸν λαὸν
καὶ τοὺς πρεσβυτέρους καὶ τοὺς γραμματεῖς, καὶ ἐπιστάντες συνήρπασαν
13 αὐτὸν καὶ ἤγαγον εἰς τὸ συνέδριον, ἔστησάν τε μάρτυρας ψευδεῖς λέγοντας
ὅτι Ὁ ἄνθρωπος οὗτος οὐ παύεται ῥήματα βλάσφημα λαλῶν κατὰ τοῦ
14 τόπου τοῦ ἁγίου καὶ τοῦ νόμου. ἀκηκόαμεν γὰρ αὐτοῦ λέγοντος ὅτι Ἰησοῦς
ὁ Ναζωραῖος οὗτος καταλύσει τὸν τόπον τοῦτον, καὶ ἀλλάξει τὰ ἔθη ἃ
15 παρέδωκεν ἡμῖν Μωσῆς. καὶ ἀτενίσαντες εἰς αὐτὸν πάντες οἱ καθήμενοι ἐν
τῷ συνεδρίῳ εἶδον τὸ πρόσωπον αὐτοῦ ὡς πρόσωπον ἀγγέλου.

---

1 παρεθεωορυντο cod     χειραι cod     5 Αντιοχεας cod

42 Ιησουν τον Χριστον ϛ     om hunc versum et verba εν δε ταις ημεραις 180 216
ταυταις 216                                                       ϛ
2 εστιν ημας καταλειψαντας 216 ϛ        3 πνευματος]+αγιου 216 ϛ
4 προσκαρτερησομεν] προσκαρτερουντες 216     5 πληρη 180 ϛ     7 κυριου]
θεου 216 ϛ     υπηκουον 180 216 ϛ     8 χαριτος] πιστεως 216 ϛ     om δια
του ονοματος......Χριστου 216 ϛ     9 ανεστησαν 216 ϛ     Κιλικιας] pr της 180
11 βλασφημιας] βλασφημα 180 216 ϛ     13 om οτι 180 216 ϛ     αγιου]
+τουτου ϛ     14 om ουτος 216corr     om. τουτον 216corr     Μωυσης ϛ
15 απαντες ϛ     καθεζομενοι ϛ     ωσει ϛ

VII. Εἶπε δὲ ὁ ἀρχιερεύς, Εἰ ἄρα ταῦτα οὕτως ἔχει; ὁ δὲ ἔφη, 2
Ἄνδρες ἀδελφοὶ καὶ πατέρες, ἀκούσατε. ὁ θεὸς τῆς δόξης ὤφθη τῷ πατρὶ
ἡμῶν Ἀβραὰμ ὄντι ἐν τῇ Μεσοποταμίᾳ, πρὶν ἢ κατοικῆσαι ἐν Χαρρὰν, καὶ 3
εἶπε πρὸς αὐτὸν, Ἔξελθε ἐκ τῆς γῆς σου καὶ ἐκ τῆς συγγενείας σου, καὶ
δεῦρο εἰς γῆν ἣν ἄν σοι δείξω. τότε ἐξελθὼν ἐκ γῆς Χαλδαίων κατῴκησεν 4
ἐν Χαρράν· κἀκεῖθεν μετὰ τὸ ἀποθανεῖν τὸν πατέρα αὐτοῦ μετῴκησεν
αὐτὸν εἰς τὴν γῆν ταύτην εἰς ἣν ὑμεῖς νῦν κατοικεῖτε· καὶ οὐκ ἔδωκεν 5
αὐτῷ κληρονομίαν ἐν αὐτῇ, οὐδὲ βῆμα ποδός· καὶ ἐπηγγείλατο δοῦναι αὐτῷ
εἰς κατάσχεσιν καὶ τῷ σπέρματι αὐτοῦ μετ᾽ αὐτὸν, οὐκ ὄντος αὐτῷ τέκνου.
ἐλάλησε δὲ οὕτως ὁ θεὸς, ὅτι ἔσται τὸ σπέρμα αὐτοῦ πάροικον ἐν γῇ 6
ἀλλοτρίᾳ, καὶ δουλώσουσιν αὐτὸ καὶ κακώσουσιν ἔτη τετρακόσια. καὶ τὸ 7
ἔθνος ᾧ ἐὰν δουλεύσωσι κρινῶ ἐγὼ, εἶπεν ὁ θεὸς, καὶ μετὰ ταῦτα ἐξελεύ-
σονται, καὶ λατρεύσουσί μοι ἐν τῷ τόπῳ τούτῳ. καὶ ἔδωκεν αὐτῷ διαθήκην 8
περιτομῆς· καὶ οὕτως ἐγέννησε τὸν Ἰσαὰκ καὶ περιέτεμεν αὐτὸν τῇ ἡμέρᾳ
τῇ ὀγδόῃ· καὶ ὁ Ἰσαὰκ τὸν Ἰακὼβ, καὶ ὁ Ἰακὼβ τοὺς δώδεκα πατριάρχας.
καὶ οἱ πατριάρχαι ζηλώσαντες τὸν Ἰωσὴφ ἀπέδοντο αὐτὸν εἰς Αἴγυπτον· 9
καὶ ἦν ὁ θεὸς μετ᾽ αὐτοῦ, καὶ ἐξείλετο αὐτὸν ἐκ πασῶν τῶν θλίψεων αὐτοῦ, 10
καὶ ἔδωκεν αὐτῷ χάριν καὶ σοφίαν ἔναντι βασιλέως Αἰγύπτου, καὶ κατέστησεν
αὐτὸν ἡγούμενον ἐπ᾽ Αἴγυπτον καὶ ὅλον τὸν οἶκον αὐτοῦ. ἦλθε δὲ λιμὸς 11
ἐφ᾽ ὅλην τὴν γῆν Αἰγύπτου καὶ Χαναὰν καὶ θλίψις μεγάλη· καὶ οὐχ
ηὕρισκον χορτάσματα οἱ πατέρες ἡμῶν. ἀκούσας δὲ Ἰακὼβ ὄντα σῖτα 12
ἐν Αἰγύπτῳ ἐξαπέστειλε τοὺς πατέρας ἡμῶν πρῶτον· καὶ ἐν τῷ δευτέρῳ 13
ἀνεγνωρίσθη Ἰωσὴφ τοῖς ἀδελφοῖς αὐτοῦ, καὶ φανερὸν ἐγένετο τῷ Φαραὼ
τὸ γένος τοῦ Ἰωσήφ. [ἀποστείλας δὲ Ἰωσὴφ] μετεκαλέσατο τὸν πατέρα 14
αὐτοῦ Ἰακὼβ καὶ πᾶσαν τὴν συγγένειαν ἐν ἑβδομήκοντα καὶ πέντε ψυχαῖς.
κατέβη δὲ Ἰακὼβ εἰς Αἴγυπτον, καὶ ἐτελεύτησεν αὐτὸς καὶ οἱ πατέρες 15
ἡμῶν· καὶ μετετέθησαν [εἰς Συχὲμ καὶ ἐτέθησαν] ἐν τῷ μνήματι ᾧ 16
ὠνήσατο Ἀβραὰμ τιμῆς ἀργυρίου παρὰ τῶν υἱῶν Ἐμμὼρ τοῦ Συχέμ.
καθὼς δὲ ἤγγιζεν ὁ χρόνος τῆς ἐπαγγελίας ἧς ὤμοσεν ὁ θεὸς τῷ Ἀβραὰμ, 17
ηὔξησεν ὁ λαὸς καὶ ἐπληθύνθη ἐν Αἰγύπτῳ, ἄχρις οὗ ἀνέστη βασιλεὺς 18

14 om αποστειλας δε Ιωσηφ cod ex homoeotel. συγγενειαν εν εβδομη in
fine lineae rescriptum est, sed eadem legisse videtur p. m. 15 και 1°
in rasura scripsit m. rec. 16 om εις Σ. και ετεθησαν cod ex homoeotel.

180 216  2 κατοικησαι]+αυτον 180 216 𝖲 Χαρραν] Χαραν 180 4 εν]
𝖲 εις 180 μετωκισεν 𝖲 om νυν 180 5 αυτω δουναι 𝖲 κατασχεσιν]
+αυτην 216 𝖲 δουναι αυτην εις κατασχεσιν αυτω 180 7 ω] ο 216 (?)
9 om αυτον 𝖲 10 εναντιον 216 𝖲 βασιλεως] pr Φαραω 216 𝖲
11 ευρισκον 180 216 𝖲 14 συγγενειαν]+αυτου 216 (?) 𝖲 ψυχαις
εβδομηκοντα πεντε 𝖲 16 ω] ο 𝖲 και ετεθησαν......του Συχεμ om
180 sed ipsa p.m. in marg. suppleuit Εμμορ 𝖲

19 ἕτερος, ὃς οὐκ ᾔδει τὸν Ἰωσήφ. οὗτος κατασοφισάμενος τὸ γένος ἡμῶν
ἐκάκωσε τοὺς πατέρας ἡμῶν, τοῦ ποιεῖν ἔκθετα τὰ βρέφη αὐτῶν εἰς τὸ μὴ
20 ζωογονεῖσθαι. ἐν ᾧ καιρῷ ἐγεννήθη Μωϋσῆς, καὶ ἦν ἀστεῖος τῷ θεῷ· ὃς
21 ἀνετράφη μῆνας τρεῖς ἐν τῷ οἴκῳ τοῦ πατρὸς αὐτοῦ. ἐκτεθέντα δὲ αὐτὸν
22 ἀνείλετο αὐτὸν ἡ θυγάτηρ Φαραώ, καὶ ἀνεθρέψατο ἑαυτῇ εἰς υἱόν. καὶ
23 ἐπαιδεύθη Μωϋσῆς πάσῃ σοφίᾳ Αἰγυπτίων ἦν δὲ δυνατὸς ἐν ἔργοις. ὡς δὲ
ἐπληροῦτο αὐτῷ τεσσαρακονταετὴς χρόνος, ἀνέβη ἐπὶ τὴν καρδίαν αὐτοῦ
24 ἐπισκέψασθαι τοὺς ἀδελφοὺς αὐτοῦ τοὺς υἱοὺς Ἰσραήλ. καὶ ἰδών τινα
ἀδικούμενον ἠμύνατο καὶ ἐποίησεν ἐκδίκησιν τῷ καταπονουμένῳ πατάξας
25 τὸν Αἰγύπτιον. ἐνόμιζε δὲ συνιέναι τοὺς ἀδελφοὺς αὐτοῦ ὅτι διὰ χειρὸς
26 αὐτοῦ ὁ θεὸς δίδωσιν αὐτοῖς σωτηρίαν· οἱ δὲ οὐ συνῆκαν. τῇ τε ἐπιούσῃ
ἡμέρᾳ ὤφθη αὐτοῖς μαχομένοις, καὶ συνήλασεν αὐτοὺς εἰς εἰρήνην εἰπὼν
27 Ἄνδρες, ἀδελφοί ἐστε ὑμεῖς· ἱνατί ἀδικεῖτε ἀλλήλους; ὁ δὲ ἀδικῶν τὸν
πλησίον ἀπώσατο αὐτὸν εἰπών, Τίς σε κατέστησεν ἄρχοντα καὶ δικαστὴν
28 ἐφ' ἡμᾶς; μὴ ἀνελεῖν με θέλεις, ὃν τρόπον ἀνεῖλες τὸν Αἰγύπτιον χθές;
29 ἔφυγε δὲ Μωσῆς ἐν τῷ λόγῳ τούτῳ, καὶ ἐγένετο πάροικος γῇ Μαδιάμ, οὗ
30 ἐγέννησεν υἱοὺς δύο. καὶ πληρωθέντων ἐτῶν τεσσαράκοντα ὤφθη αὐτῷ ἐν
31 τῇ ἐρήμῳ τοῦ ὄρους Σινᾶ ἄγγελος Κυρίου ἐν φλογὶ πυρὸς βάτου. ὁ δὲ
Μωϋσῆς ἰδὼν ἐθαύμαζε τὸ ὅραμα· προσερχομένου δὲ αὐτοῦ κατανοῆσαι
32 ἐγένετο φωνὴ Κυρίου πρὸς αὐτόν, Ἐγὼ ὁ θεὸς τῶν πατέρων σου, ὁ θεὸς
Ἀβραὰμ καὶ Ἰσαὰκ καὶ Ἰακώβ. ἔντρομος δὲ γενόμενος Μωϋσῆς οὐκ
33 ἐτόλμα κατανοῆσαι. εἶπε δὲ αὐτῷ ὁ κύριος, Λῦσον τὸ ὑπόδημα τῶν
34 ποδῶν σου, ὁ γὰρ τόπος ἐν ᾧ ἕστηκας γῆ ἁγία ἐστίν. ἰδὼν εἶδον τὴν
κάκωσιν τοῦ λαοῦ μου τοῦ ἐν Αἰγύπτῳ, καὶ τοῦ στεναγμοῦ αὐτῶν ἤκουσα·
καὶ κατέβην ἐξελέσθαι αὐτούς· καὶ νῦν δεῦρο, ἀποστείλω σε εἰς Αἴγυπτον.
35 τοῦτον τὸν Μωϋσῆν ὃν ἠρνήσαντο εἰπόντες, Τίς σε κατέστησεν ἄρχοντα
καὶ δικαστήν; τοῦτον ὁ θεὸς καὶ ἄρχοντα καὶ λυτρωτὴν ἀπέσταλκε σὺν χειρὶ
36 ἀγγέλου τοῦ ὀφθέντος αὐτῷ ἐν τῇ βάτῳ. οὗτος ἐξήγαγεν αὐτοὺς ποιήσας
τέρατα καὶ σημεῖα ἐν γῇ Αἰγύπτου καὶ ἐν ἐρυθρᾷ θαλάσσῃ καὶ ἐν τῇ
37 ἐρήμῳ ἔτη τεσσαράκοντα. οὗτός ἐστι Μωϋσῆς ὁ εἰπὼν τοῖς υἱοῖς Ἰσραηλ,
Προφήτην ὑμῖν ἀναστήσει Κύριος ἐκ τῶν ἀδελφῶν ὑμῶν ὡς ἐμέ· αὐτοῦ

20 ανεστραφη cod    27 απωσαιτο cod    35 ηρνησατο cod

20 Μωσης ϛ     21 om αυτον 2° 216    ανεθρεψατο]+αυτον ϛ    αυτη 180 180 216
ϛ
22 Μωσης ϛ    εν εργοις]+και λογοις 180, +και εν λογοις 216, εν λογοις και εν
εργοις ϛ     23 αυτου 1°]+του 180     25 ο θεος δια χειρος αυτου
180 216 ϛ    28 θελεις] pr συ 180 216 ϛ    χθες τον Αιγυπτιον 180 216 ϛ
29 γη] pr εν 180 216 ϛ     31 Μωσης ϛ    εθαυμασε 216 ϛ     32 pr ο
θεος ante Ισαακ et Ιακωβ 180 216 ϛ    Μωσης 216 ϛ    34 αποστελω 180 ϛ
35 δικαστην]+εφ ημας 180    om και 2° 180 216 ϛ    απεστειλεν εν ϛ
37 Μωϋσης] pr ο ϛ    Κυριος]+ο θεος ημων 216, +ο θεος υμων ϛ

ἀκούσεσθε. οὗτός ἐστιν ὁ γενόμενος ἐν τῇ ἐκκλησίᾳ ἐν τῇ ἐρήμῳ μετὰ 38
τοῦ ἀγγέλου τοῦ λαλοῦντος αὐτῷ ἐν τῷ ὄρει Σινᾶ καὶ τῶν πατέρων ἡμῶν,
ὃς ἐδέξατο λόγια ζῶντα δοῦναι ἡμῖν. ᾧ οὐκ ἠθέλησαν ὑπήκοοι γενέσθαι 39
οἱ πατέρες ἡμῶν, ἀλλ᾽ ἀπώσαντο καὶ ἐστράφησαν τῇ καρδίᾳ αὐτῶν εἰς
Αἴγυπτον, εἰπόντες τῷ Ἀαρών, Ποίησον ἡμῖν θεοὺς οἳ προπορεύονται 40
ἡμῶν· ὁ γὰρ Μωϋσῆς οὗτος, ὃς ἐξήγαγεν ἡμᾶς ἐκ γῆς Αἰγύπτου, οὐκ
οἴδαμεν τί γέγονεν αὐτῷ. καὶ ἐμοσχοποίησαν ἐν ταῖς ἡμέραις ἐκείναις, καὶ 41
ἀνήνεγκαν θυσίαν τῷ εἰδώλῳ, καὶ εὐφραίνοντο ἐν τοῖς ἔργοις τῶν χειρῶν
αὐτῶν. ἔστρεψε δὲ ὁ θεός, καὶ παρέδωκεν αὐτοὺς λατρεύειν τῇ στρατιᾷ 42
τοῦ οὐρανοῦ· καθὼς γέγραπται ἐν βίβλῳ τῶν προφητῶν, Μὴ σφάγια καὶ
θυσίας προσηνέγκατέ μοι ἔτη τεσσαράκοντα ἐν τῇ ἐρήμῳ, οἶκος Ἰσραήλ ;
καὶ ἀνελάβετε τὴν σκηνὴν τοῦ Μολόχ, καὶ τὸ ἄστρον τοῦ θεοῦ ἡμῶν Ῥεαφὰν, 43
τοὺς τύπους οὓς ἐποιήσατε προσκυνεῖν αὐτοῖς· καὶ μετοικιῶ ὑμᾶς ἐπέκεινα
Βαβυλῶνος, λέγει Κύριος παντοκράτωρ. ἡ σκηνὴ τοῦ μαρτυρίου ἦν ἐν τοῖς 44
πατράσιν ἡμῶν ἐν τῇ ἐρήμῳ, καθὼς διετάξατο λαλῶν τῷ Μωϋσῇ ποιῆσαι
αὐτὴν κατὰ τὸν τύπον ὃν ἑωράκει· ἣν καὶ εἰσήγαγον διαδεξάμενοι οἱ 45
πατέρες ἡμῶν μετὰ Ἰησοῦ ἐν τῇ κατασχέσει τῶν ἐθνῶν, ὧν ἔξωσεν ὁ
θεὸς ἀπὸ προσώπου τῶν πατέρων ἡμῶν ἕως τῶν ἡμερῶν Δαβίδ· ὃς εὗρε 46
χάριν ἐνώπιον τοῦ θεοῦ, καὶ ᾐτήσατο εὑρεῖν σκήνωμα τῷ θεῷ Ἰακώβ.
Σολομῶν δὲ ᾠκοδόμησεν αὐτῷ οἶκον. ἀλλ᾽ οὐχ ὁ ὕψιστος ἐν χειροποιήτοις 47
48
ναοῖς κατοικεῖ, καθὼς ὁ προφήτης λέγει, Ὁ οὐρανός μοι θρόνος, ἡ δὲ γῆ 49
ὑποπόδιον τῶν ποδῶν μου· ποῖον οἶκον οἰκοδομήσετέ μοι, λέγει Κύριος,
ἢ τίς τόπος τῆς καταπαύσεώς μου ; οὐχὶ ἡ χείρ μου ἐποίησε ταῦτα πάντα ; 50
Σκληροτράχηλοι καὶ ἀπερίτμητοι τῇ καρδίᾳ καὶ τοῖς ὠσὶν, ὑμεῖς ἀεὶ τῷ 51
πνεύματι τῷ ἁγίῳ ἀντιπίπτετε, ὡς οἱ πατέρες ὑμῶν καὶ ὑμεῖς. τίνα τῶν 52
προφητῶν οὐκ ἐδίωξαν οἱ πατέρες ὑμῶν ; καὶ ἀπέκτειναν τοὺς προκαταγγεί-
λαντας περὶ τῆς ἐλεύσεως τοῦ δικαίου τούτου, οὗ νῦν ὑμεῖς προδόται καὶ
φονεῖς ἐγένεσθε· οἵτινες ἐλάβετε τὸν νόμον εἰς διαταγὰς ἀγγέλων, καὶ οὐκ 53
ἐφυλάξατε.

Ἀκούοντες δὲ ταῦτα διεπρίοντο ταῖς καρδίαις αὐτῶν, καὶ ἔβρυχον τοὺς 54
ὀδόντας ἐπ᾽ αὐτόν. Στέφανος δὲ ὑπάρχων πλήρης πνεύματος ἁγίου, 55

44 τω] τον cod      45 ημων 2° difficile lectu est quoniam periit membrana,
sed η (non υ) cod videtur habuisse      48 εχειροποιητοις cod

180 216      39 ημων] υμων 216      ταις καρδιαις ϛ      40 προπορευσονται 180 216 ϛ
ϛ      Μωσης ϛ      41 ανηγαγον ϛ      ηυφραινοντο 180      43 Μολογ 180
ημων] υμων 180 216 ϛ      Ραφαν 180, Ρεμφαν 216 ϛ      λεγει Κυριος ο θεος ο
παντοκρατωρ ονομα αυτω 216      om λεγ. Κ. παντ. ϛ      44 om εν 1° 216
λαλων] pr ο 180 216 ϛ      Μωση ϛ      45 εξωσεν 180      51 τη καρδια]
ταις καρδιαις 216      52 υμων] hinc deficit 216 usque ad viii. 25      om
τουτου ϛ      υμεις προδοται νυν 180      γεγενησθε 180 ϛ      54 ταις καρδιαις]
τας καρδιας 180      55 Στ. δε υπαρχων] υπαρχων δε ϛ

ἀτενίσας εἰς τὸν οὐρανὸν, εἶδε δόξαν θεοῦ, καὶ Ἰησοῦν ἑστῶτα ἐκ δεξιῶν
56 τοῦ θεοῦ, καὶ εἶπεν, Ἰδοὺ θεωρῶ τοὺς οὐρανοὺς ἀνεῳγμένους, καὶ τὸν
57 υἱὸν τοῦ θεοῦ ἐκ δεξιῶν ἑστῶτα τοῦ θεοῦ. κράξαντες δὲ φωνὴν μεγάλην,
58 συνέσχον τὰ ὦτα αὐτῶν, καὶ ὥρμησαν ὁμοθυμαδὸν ἐπ᾽ αὐτόν· καὶ
ἐκβαλόντες ἔξω τῆς πόλεως ἐλιθοβόλουν. καὶ οἱ μάρτυρες ἀπέθεντο τὰ
59 ἱμάτια αὐτῶν παρὰ τοὺς πόδας νεανίου καλουμένου Σαύλου, καὶ ἐλιθο-
βόλουν τὸν Στέφανον, ἐπικαλούμενον καὶ λέγοντα, Κύριε Ἰησοῦ Χριστὲ,
60 δέξαι τὸ πνεῦμά μου. θεὶς δὲ τὰ γόνατα ἔκραξε φωνῇ μεγάλῃ, Κύριε, μὴ
στήσῃς αὐτοῖς τὴν ἁμαρτίαν ταύτην. [καὶ τοῦτο εἰπὼν ἐκοιμήθη.]
VIII. Παῦλος δὲ ἦν συνευδοκῶν τῇ ἀναιρέσει αὐτοῦ. ἐγένετο δὲ ἐν
ἐκείνῃ τῇ ἡμέρᾳ διωγμὸς μέγας ἐπὶ τὴν ἐκκλησίαν τὴν ἐν Ἱεροσολύμοις·
πάντες δὲ διεσπάρησαν κατὰ τὰς χώρας τῆς Ἰουδαίας καὶ Σαμαρείας πλὴν
2 τῶν ἀποστόλων. συνεκόμισαν δὲ τὸν Στέφανον ἄνδρες εὐλαβεῖς, καὶ
3 ἐποιήσαντο κοπετὸν μέγαν ἐπ᾽ αὐτῷ. Σαῦλος δὲ ἐλυμαίνετο τὴν ἐκκλησίαν
κατὰ τοὺς οἴκους εἰσπορευόμενος, σύρων τε ἄνδρας καὶ γυναῖκας παρεδίδου
εἰς φυλακήν.
4 Οἱ μὲν οὖν διασπαρέντες διῆλθον, εὐαγγελιζόμενοι τὸν λόγον.
5 Φίλιππος δὲ κατελθὼν εἰς πόλιν τῆς Σαμαρίας ἐκήρυσσεν αὐτοῖς τὸν
6 Χριστόν. προσεῖχόν τε οἱ ὄχλοι τοῖς λεγομένοις ὑπὸ τοῦ Φιλίππου
7 ὁμοθυμαδὸν ἐν τῷ ἀκούειν αὐτοὺς καὶ βλέπειν τὰ σημεῖα ἃ ἐποίει. πολλῶν
γὰρ τῶν συνεχόντων πνεύματα ἀκάθαρτα βοῶντα φωνῇ μεγάλῃ ἐξήρχοντο·
8 πολλοὶ δὲ καὶ παραλελυμένοι καὶ χωλοὶ ἐθεραπεύθησαν. καὶ ἐγένετο
9 χαρὰ μεγάλη ἐν τῇ πόλει ἐκείνῃ. ἀνὴρ δέ τις ὀνόματι Σίμων προϋπῆρχεν
ἐν τῇ πόλει μαγεύων καὶ ἐξιστῶν τὸ γένος τῆς Σαμαρείας, λέγων τινὰ
10 ἑαυτὸν εἶναι μέγαν· ᾧ προσεῖχον πάντες ἀπὸ μικροῦ ἕως μεγάλου αὐτῶν
11 λέγοντες, Οὗτός ἐστιν ἡ δύναμις τοῦ θεοῦ ἡ λεγομένη μεγάλη. προσεῖχον
12 δὲ αὐτῷ διὰ τὸ ἱκανῷ χρόνῳ ταῖς μαγίαις ἐξιστακέναι αὐτούς. ὅτε δὲ
ἐπίστευσαν τῷ Φιλίππῳ εὐαγγελιζομένῳ τὰ περὶ τῆς βασιλείας τοῦ θεοῦ
καὶ τοῦ ὀνόματος Ἰησοῦ Χριστοῦ, ἐβαπτίζοντο ἄνδρες τε καὶ γυναῖκες.
13 ὁ δὲ Σίμων καὶ αὐτὸς ἐπίστευσε, καὶ βαπτισθεὶς ἦν προσκαρτερῶν τῷ

---

**57** φωνην μεγαλη cod    συνεσχων cod    **60** και τουτο ειπων εκοιμηθη
om 137* sed addit in marg. corr. rec.    **6** προσηχον cod    **7** των
συνεχοντων] sic ut uidetur 137*, nunc autem inter των et εχοντων rasura est
trium litt.    **8** om χαρα 137* sed supra scripsit m. rec.

**56** θεου 1°] ανθρωπου 180 ς    **57** φωνη μεγαλη 180 ς    **59** om Χριστε 180 ς
180 ς    **60** στησεις 180
**1** Σαυλος 180 ς    δε 3°] τε ς    **5** Σαμαρειας 180 ς    **7** εχοντων 180 ς
μεγαλη φωνη εξηρχετο ς    om και ς    **9** γενος] εθνος 180 ς    ειναι
τινα εαυτον ς    **10** om αυτων ς    om λεγομενη ς    **11** μαγειαις 180 ς
εξεστακεναι 180 ς    **12** Ιησου] pr του ς

Φιλίππῳ· θεωρῶν τε δυνάμεις καὶ σημεῖα γινόμενα ἐξίστατο. ἀκούσαντες δὲ 14
οἱ ἐν Ἱεροσολύμοις ἀπόστολοι ὅτι δέδεκται καὶ Σαμαρία τὸν λόγον τοῦ θεοῦ,
ἀπέστειλαν πρὸς αὐτοὺς τὸν Πέτρον καὶ Ἰωάννην· οἵτινες καταβάντες 15
προσηύξαντο περὶ αὐτῶν ὅπως λάβωσιν πνεῦμα ἅγιον· οὐδέπω γὰρ ἦν ἐπ' 16
οὐδενὶ αὐτῶν ἐπιπεπτωκός, μόνον δὲ βεβαπτισμένοι ὑπῆρχον εἰς τὸ ὄνομα
τοῦ κυρίου Ἰησοῦ. τότε ἐπετίθουν τὰς χεῖρας ἐπ' αὐτούς, καὶ ἐλάμβανον 17
πνεῦμα ἅγιον. ἰδὼν δὲ Σίμων ὅτι διὰ τῆς ἐπιθέσεως τῶν χειρῶν τῶν 18
ἀποστόλων δίδοται τὸ πνεῦμα τὸ ἅγιον προσήνεγκεν αὐτοῖς χρήματα
λέγων, Δότε κἀμοὶ τὴν ἐξουσίαν ταύτην, ἵνα ᾧ ἐπιθῶ τὰς χεῖρας λαμβάνῃ 19
πνεῦμα ἅγιον. Πέτρος δὲ εἶπε πρὸς αὐτόν, Τὸ ἀργύριόν σου σὺν σοὶ εἰς 20
ἀπώλειαν, ὅτι τὴν δωρεὰν τοῦ θεοῦ ἐνόμισας διὰ χρημάτων κτᾶσθαι. οὐκ 21
ἔστι σοι μερὶς οὐδὲ κλῆρος ἐν τῷ λόγῳ τούτῳ. ἡ γὰρ καρδία σου οὐκ
ἔστιν εὐθεῖα ἐναντίον τοῦ θεοῦ. μετανόησον οὖν ἀπὸ τῆς κακίας σου 22
ταύτης, καὶ δεήθητι τοῦ κυρίου, εἰ ἄρα ἀφεθήσεταί σοι ἡ ἐπίνοια τῆς
καρδίας σου. εἰς γὰρ χολὴν πικρίας καὶ σύνδεσμον ἀδικίας θεωρῶ σε 23
ὄντα. ἀποκριθεὶς δὲ ὁ Σίμων εἶπε, Παρακαλῶ δεήθητε ὑμεῖς ὑπὲρ ἐμοῦ 24
πρὸς τὸν θεόν, ὅπως μηδὲν ἐπέλθῃ ἐπ' ἐμὲ ὧν εἰρήκατε.

Οἱ μὲν οὖν διαμαρτυράμενοι καὶ λαλήσαντες τὸν λόγον Κυρίου ὑπέστρε- 25
ψαν εἰς Ἱεροσόλυμα πολλάς τε κώμας τῶν Σαμαρειτῶν εὐηγγελίσαντο.

Ἄγγελος δὲ Κυρίου ἐλάλησε πρὸς τὸν Φίλιππον λέγων, Ἀνάστηθι καὶ 26
πορεύου πρὸς μεσημβρίαν ἐπὶ τὴν ὁδὸν τὴν καταβαίνουσαν ἀπὸ Ἱερουσαλὴμ
εἰς Γάζαν· αὕτη ἐστὶν ἔρημος. καὶ ἀναστὰς ἐπορεύθη· καὶ ἰδοὺ ἀνὴρ 27
Αἰθίοψ εὐνοῦχος δυνάστης Κανδάκης τῆς βασιλίσσης Αἰθιόπων, ὃς ἦν ἐπὶ
πάσης τῆς γάζης αὐτῆς, ὃς ἐληλύθει προσκυνήσων εἰς Ἱερουσαλήμ, ἦν δὲ 28
ὑποστρέφων καὶ καθήμενος ἐπὶ τοῦ ἅρματος αὐτοῦ, καὶ ἀνεγίνωσκε τὸν
προφήτην Ἡσαΐαν. εἶπε δὲ τὸ πνεῦμα τῷ Φιλίππῳ, Πρόσελθε καὶ 29
κολλήθητι τῷ ἅρματι αὐτοῦ. προσδραμὼν δὲ ὁ Φίλιππος ἤκουσεν αὐτοῦ 30
ἀναγινώσκοντος τὸν προφήτην Ἡσαΐαν, καὶ εἶπεν, Ἀρά γε γινώσκεις ἃ
ἀναγινώσκεις; ὁ δὲ εἶπε, Πῶς γὰρ ἂν δυναίμην ἐὰν μή τις ὁδηγήσει με; 31
παρεκάλεσέ τε τὸν Φίλιππον ἀναβάντα καθίσαι σὺν αὐτῷ. ἡ δὲ περιοχὴ 32

19 λαμβανει cod     23 σε] σαι cod     31 παρακαλεσε cod

180 216 13 σημεια και δυναμεις μεγαλας γινομενας ϛ     14 om και 1° ϛ
ϛ
η Σαμαρεια 180 ϛ     16 ουπω ϛ     18 θεασαμενος δε ο Σιμων ϛ
19 ω]+εαν 180, +αν ϛ     20 εις απ.] pr ειη 180 ϛ     21 εναντιον]
ενωπιον ϛ     22 om ουν 180     κυριου] θεου ϛ     23 θεωρω] ορω ϛ
24 om παρακαλω ϛ     θεον] κυριον ϛ     25 Κυριου] pr του ϛ
εις] hic incipit 216     Ιερουσαλημ ϛ     26 om τον 180 216 ϛ     προς 2°]
κατα ϛ     28 δε] τε 216 ϛ     επι του αρματος] εν τω αρματι 216
om και 2° 216     29 πνευμα]+το αγιον 180     αυτου] τουτου 216, τουτω
180 ϛ     30 om γε 216     31 οδηγηση 180 216 ϛ

τῆς γραφῆς ἦν ἀνεγίνωσκεν ἦν αὕτη, Ὡς πρόβατον ἐπὶ σφαγὴν ἤχθη, καὶ ὡς ἀμνὸς ἐναντίον τοῦ κείραντος αὐτὸν ἄφωνος, οὕτως οὐκ ἀνοίγει τὸ 33 στόμα αὐτοῦ. ἐν τῇ ταπεινώσει αὐτοῦ ἡ κρίσις αὐτοῦ ἤρθη, τὴν δὲ γενεὰν 34 αὐτοῦ τίς διηγήσεται; ὅτι αἴρεται ἀπὸ τῆς γῆς ἡ ζωὴ αὐτοῦ. ἀποκριθεὶς δὲ ὁ εὐνοῦχος τῷ Φιλίππῳ εἶπε, Δέομαί σου, περὶ τίνος ὁ προφήτης λέγει 35 τοῦτο; περὶ ἑαυτοῦ, ἢ περὶ ἑτέρου τινός; ἀνοίξας δὲ Φίλιππος τὸ στόμα αὐτοῦ, καὶ ἀρξάμενος ἀπὸ τῆς γραφῆς ταύτης, εὐηγγελίζετο αὐτῷ τὸν Ἰησοῦν. 36 ὡς δὲ ἐπορεύοντο κατὰ τὴν ὁδὸν, ἦλθον ἐπί τι ὕδωρ· καί φησιν ὁ εὐνοῦχος, 38 Ἰδοὺ ὕδωρ· τί κωλύει με βαπτισθῆναι; καὶ ἐκέλευσε στῆναι τὸ ἅρμα· καὶ κατέβησαν εἰς τὸ ὕδωρ ἀμφότεροι, ὅ τε Φίλιππος καὶ ὁ εὐνοῦχος, καὶ 39 ἐβάπτισεν αὐτόν. ὅτε δὲ ἀνέβη ἀπὸ τοῦ ὕδατος, πνεῦμα Κυρίου ἥρπασε τὸν Φίλιππον· καὶ οὐκ εἶδεν αὐτὸν οὐκέτι ὁ εὐνοῦχος, ἐπορεύετο γὰρ τὴν 40 ὁδὸν αὐτοῦ χαίρων. Φίλιππος δὲ εὑρέθη εἰς Ἄζωτον· καὶ διερχόμενος εὐηγγελίζετο τὰς πόλεις πάσας ἕως τοῦ ἐλθεῖν αὐτὸν εἰς Καισάρειαν.

IX. Ὁ δὲ Σαῦλος, ἔτι ἐμπνέων ἀπειλῆς καὶ φόνου εἰς τοὺς μαθητὰς 2 τοῦ κυρίου, προσελθὼν τῷ ἀρχιερεῖ ᾐτήσατο παρ᾽ αὐτοῦ ἐπιστολὰς εἰς Δαμασκὸν πρὸς τὰς συναγωγάς, ὅπως ἐάν τινας εὕρῃ τῆς ὁδοῦ ὄντας 3 ἄνδρας τε καὶ γυναῖκας δεδεμένους ἀγάγῃ εἰς Ἰερουσαλήμ. ἐν δὲ τῷ πορεύεσθαι αὐτὸν ἐγένετο αὐτὸν ἐγγίζειν τῇ Δαμασκῷ, καὶ ἐξαίφνης 4 περιήστραψεν αὐτὸν φῶς ἀπὸ τοῦ οὐρανοῦ· καὶ πεσὼν ἐπὶ τὴν γῆν, ἤκουσε 5 φωνὴν λέγουσαν αὐτῷ, Σαοὺλ, Σαοὺλ, τί με διώκεις; εἶπε δὲ, Τίς εἶ, 6 κύριε; ὁ δὲ εἶπεν, Ἐγώ εἰμι Ἰησοῦς ὃν σὺ διώκεις· ἀλλὰ ἀνάστηθι καὶ 7 εἴσελθε εἰς τὴν πόλιν, καὶ ἐκεῖ λαληθήσεταί σοι τί σε δεῖ ποιεῖν. οἱ δὲ ἄνδρες οἱ συνοδεύοντες αὐτῷ εἱστήκεισαν ἐννεοί, ἀκούσαντες μὲν τῆς φωνῆς, 8 μηδένα θεωροῦντες. ἠγέρθη δὲ ὁ Σαῦλος ἀπὸ τῆς γῆς· ἠνεῳγμένων δὲ τῶν ὀφθαλμῶν αὐτοῦ οὐδένα ἔβλεπε, χειραγωγοῦντες δὲ αὐτὸν εἰσήγαγον εἰς 9 Δαμασκόν. καὶ ἦν ἡμέρας τρεῖς μὴ βλέπων, καὶ οὐκ ἔφαγεν οὐδὲ ἔπιεν.

---

32 αννγει cod          38 Φιλιπος cod          7 ειστηκησαν cod

32 κειροντος 216 ϛ     ουτως] ουτος 180     35 Φιλιππος] pr ο 180 ϛ 180 216
ευηγγελισατο 180 216 ϛ          36 βαπτισθηναι με 216     βαπτισθηναι]  ϛ
+ειπε δε ο Φιλιππος, Ει πιστευεις εξ ολης της καρδιας εξεστιν.  αποκριθεις
δε ειπε, Πιστευω τον υιον του θεου ειναι τον Ιησουν Χριστον ϛ     38 αμφο-
τεροι εις το υδωρ ϛ     39 ανεβησαν 180 216 ϛ     απο] εκ ϛ     ειδεν]
οιδεν 216
3 τω] το 180     om αυτον 1° ϛ     om του 216     4 διωκεις]+σκληρον
σοι προς κεντρα λακτιζειν 180     5 ο δε]+κυριος 180 216 ϛ     διωκεις]
+σκληρον σοι προς κεντρα λακτιζειν. τρεμων τε και θαμβων ειπε, Κυριε, τι με
θελεις ποιησαι; και ο κυριος προς αυτον ϛ     6 om αλλα ϛ     om εκει ϛ
7 ακουοντες 180 216 ϛ     μηδενα]+δε 180 216 ϛ     8 ανεωγμενων 180 216 ϛ
δε 2°] τε 180 216 (?)     εισηγαγον] εισηεσαν 216

Ἦν δέ τις μαθητὴς ἐν Δαμασκῷ ὀνόματι Ἀνανίας, καὶ εἶπε πρὸς αὐτὸν ὁ 10
κύριος ἐν ὁράματι, Ἀνανία. ὁ δὲ εἶπεν, Ἰδοὺ ἐγὼ, κύριε. ὁ δὲ κύριος πρὸς 11
αὐτὸν, Ἀναστὰς πορεύθητι ἐπὶ τὴν ῥύμην τὴν καλουμένην Εὐθεῖαν, καὶ
ζήτησον ἐν οἰκίᾳ Ἰούδα Σαῦλον ὀνόματι, Ταρσέα, ἰδοὺ γὰρ προσεύχεται,
καὶ εἶδεν ἐν ὁράματι ἄνδρα ὀνόματι Ἀνανίαν εἰσελθόντα καὶ ἐπιθέντα αὐτῷ 12
χεῖρα ὅπως ἀναβλέψῃ. ἀπεκρίθη δὲ Ἀνανίας, Κύριε, ἀκήκοα ἀπὸ πολλῶν 13
περὶ τοῦ ἀνδρὸς τούτου, ὅσα κακὰ ἐποίησε τοῖς ἁγίοις σου ἐν Ἱερουσαλήμ·
καὶ ὧδε ἔχει ἐξουσίαν παρὰ τῶν ἀρχιερέων δῆσαι πάντας τοὺς ἐπικαλου- 14
μένους τὸ ὄνομά σου. εἶπε δὲ πρὸς αὐτὸν ὁ κύριος, Πορεύου, ὅτι σκεῦος 15
ἐκλογῆς ἐστί μοι οὗτος, τοῦ βαστάσαι τὸ ὄνομά μου ἐνώπιον ἐθνῶν καὶ
βασιλέων υἱῶν Ἰσραήλ. ἐγὼ γὰρ ὑποδείξω αὐτῷ ὅσα δεῖ αὐτὸν ὑπὲρ τοῦ 16
ὀνόματός μου παθεῖν.

Τότε ἐγερθεὶς Ἀνανίας ἀπῆλθε καὶ εἰσῆλθεν εἰς τὴν οἰκίαν, καὶ ἐπιθεὶς ἐπ᾽ 17
αὐτὸν τὰς χεῖρας εἶπε, Σαοὺλ ἀδελφὲ, ὁ κύριος ἀπέσταλκέ με, Ἰησοῦς ὁ
ὀφθείς σοι ἐν τῇ ὁδῷ ᾗ ἤρχου, ὅπως ἀναβλέψῃς καὶ πλησθῇς πνεύματος
ἁγίου. καὶ εὐθέως ἀπέπεσον ἀπὸ τῶν ὀφθαλμῶν αὐτοῦ ὡσεὶ λεπίδες, 18
ἀνέβλεψέ τε παραχρῆμα, καὶ ἀναστὰς ἐβαπτίσθη, καὶ λαβὼν τροφὴν 19
ἐνίσχυσεν. ἐγένετο δὲ μετὰ τῶν ἐν Δαμασκῷ μαθητῶν ἡμέρας τινάς· καὶ 20
εὐθέως ἐν ταῖς συναγωγαῖς ἐκήρυσσε τὸν Ἰησοῦν, ὅτι οὗτός ἐστιν ὁ υἱὸς τοῦ
θεοῦ. ἐξίσταντο δὲ πάντες οἱ ἀκούοντες καὶ ἔλεγον, Οὐχ οὗτός ἐστιν ὁ 21
πορθήσας ἐν Ἱερουσαλὴμ τοὺς ἐπικαλουμένους τὸ ὄνομα τοῦτο, καὶ ὧδε εἰς
τοῦτο ἐλήλυθεν ἵνα δεδεμένους αὐτοὺς ἀγάγῃ ἐπὶ τοὺς ἀρχιερεῖς; Σαῦλος δὲ 22
μᾶλλον ἐνεδυναμοῦτο, καὶ συνέχεε τοὺς Ἰουδαίους τοὺς κατοικοῦντας ἐν
Δαμασκῷ, συμβιβάζων ὅτι οὗτός ἐστιν ὁ Χριστός. ὡς δὲ ἐπληροῦντο 23
ἡμέραι ἱκαναί, συνεβουλεύσαντο οἱ Ἰουδαῖοι ἀνελεῖν αὐτόν· ἐγνώσθη δὲ 24
τῷ Σαύλῳ ἡ ἐπιβουλὴ αὐτῶν. παρετηροῦντο δὲ τὰς πύλας ἡμέρας τε καὶ
νυκτὸς, ὅπως αὐτὸν ἀνέλωσι· λαβόντες δὲ αὐτὸν οἱ μαθηταὶ νυκτὸς 25
καθῆκαν διὰ τοῦ τείχους, χαλάσαντες ἐν σπυρίδι. παραγενόμενος δὲ ὁ 26
Σαῦλος ἐν Ἱερουσαλὴμ, ἐπειρᾶτο κολλᾶσθαι τοῖς μαθηταῖς· καὶ πάντες
ἐφοβοῦντο αὐτὸν, μὴ πιστεύοντες ὅτι ἐστὶ μαθητής. Βαρνάβας δὲ 27
ἐπιλαβόμενος αὐτὸν ἤγαγε πρὸς τοὺς ἀποστόλους, καὶ διηγήσατο αὐτοῖς
πῶς ἐν τῇ ὁδῷ εἶδε τὸν κύριον, καὶ ὅτι ἐλάλησεν αὐτῷ, καὶ πῶς ἐν
Δαμασκῷ ἐπαρρησιάσατο ἐν τῷ ὀνόματι τοῦ Ἰησοῦ. καὶ ἦν μετ᾽ αὐτῶν 28

27 ειδον cod

180 216    10 om εγω 216      12 ειδεν] οιδεν 216      13 Ανανιας] pr ο ς
ϛ     15 μοι εστιν 180 ς    υιων]+τε 180 216 ς    16 δειξω 216    17 Απηλθε
δε Ανανιας ς    om Ιησους 180    18 ανεβλεψε τε] και ανεβλεψε 180
19 δε]+ο Σαυλος ς      20 Ιησουν] Χριστον ς      21 εληλυθει ς
22 συνεχυνε 216 ς      24 παρετηρουν τε 216 ς      25 τοιχους 216
26 εν] εις ς      27 Ιησου] pr κυριου 180

εἰσπορευόμενος εἰς Ἰερουσαλήμ, καὶ παρρησιαζόμενος ἐν τῷ ὀνόματι τοῦ
29 κυρίου Ἰησοῦ, ἐλάλει δὲ καὶ συνεζήτει πρὸς τοὺς Ἑλληνιστάς· οἱ δὲ
30 ἐπεχείρουν αὐτὸν ἀνελεῖν. ἐπιγνόντες δὲ οἱ ἀδελφοὶ κατήγαγον αὐτὸν εἰς
31 Καισάρειαν νυκτὸς, καὶ ἐξαπέστειλαν αὐτὸν εἰς Ταρσόν. αἱ μὲν οὖν
ἐκκλησίαι καθ᾽ ὅλης τῆς Ἰουδαίας καὶ Γαλιλαίας καὶ Σαμαρείας εἶχον
εἰρήνην, οἰκοδομούμεναι καὶ πορευόμεναι τῷ φόβῳ Κυρίου, καὶ τῇ παρα-
κλήσει τοῦ ἁγίου πνεύματος ἐπληθύνοντο.
32    Ἐγένετο δὲ Πέτρον διερχόμενον διὰ πάντων κατελθεῖν πρὸς τοὺς ἁγίους
33 τοὺς κατοικοῦντας Λύδδαν. εὗρε δὲ ἐκεῖ ἄνθρωπόν τινα Αἰνέαν ὀνόματι, ἐξ
34 ἐτῶν ὀκτὼ κατακείμενον ἐπὶ κραββάτῳ, ὃς ἦν παραλελυμένος. καὶ εἶπεν
αὐτῷ Πέτρος, Αἰνέα, ἰαταί σε ὁ Χριστός· ἀνάστηθι καὶ στρῶσον σεαυτῷ.
35 καὶ εὐθέως ἀνέστη· καὶ εἶδον αὐτὸν πάντες οἱ κατοικοῦντες Λύδδαν καὶ
τὸν Σαρωνᾶν, οἵτινες ἐπέστρεψαν ἐπὶ τὸν κύριον.
36    Ἐν Ἰόππῃ δέ τις ἦν μαθήτρια ὀνόματι Ταβιθὰ, ἣ διερμηνευομένη
λέγεται Δορκάς· αὕτη δὲ ἦν πλήρης ἀγαθῶν ἔργων καὶ ἐλεημοσυνῶν ὧν
37 ἐποίει· ἐγένετο δὲ ἐν ταῖς ἡμέραις ἐκείναις ἀσθενήσασαν αὐτὴν ἀποθανεῖν·
38 λούσαντες δὲ αὐτὴν ἔθηκαν ἐν ὑπερῴῳ. ἐγγὺς δὲ οὔσης Λύδδης τῇ Ἰόππῃ
οἱ μαθηταὶ ἀκούσαντες ὅτι Πέτρος ἐστὶν ἐν αὐτῇ ἀπέστειλαν δύο ἄνδρας
39 πρὸς αὐτὸν, παρακαλοῦντες μὴ ὀκνῆσαι ἕως αὐτῶν διελθεῖν. ἀναστὰς δὲ ὁ
Πέτρος συνῆλθεν αὐτοῖς· ὃν παραγενόμενον ἀνήγαγον εἰς τὸ ὑπερῷον, καὶ
παρέστησαν αὐτῷ πᾶσαι αἱ χῆραι κλαίουσαι καὶ ἐπιδεικνύμεναι χιτῶνας καὶ
40 ἱμάτια ὅσα ἐποίει μετ᾽ αὐτῶν οὖσα ἡ Δορκάς. ἐκβαλὼν δὲ ἔξω πάντας ὁ
Πέτρος θεὶς τὰ γόνατα προσηύξατο· καὶ ἐπιστρέψας πρὸς τὸ σῶμα εἶπε,
Ταβιθὰ, ἀνάστηθι. ἡ δὲ ἤνοιξε τοὺς ὀφθαλμοὺς αὐτῆς· καὶ ἰδοῦσα τὸν
41 Πέτρον ἀνεκάθισε. δοὺς δὲ αὐτῇ χεῖρα ἀνέστησεν αὐτήν· καὶ φωνήσας
42 τοὺς ἁγίους καὶ τὰς χήρας παρέστησεν αὐτὴν ζῶσαν. γνωστὸν δὲ ἐγένετο
43 καθ᾽ ὅλης τῆς Ἰόππης, καὶ πολλοὶ ἐπίστευσαν ἐπὶ τὸν κύριον· ἐγένετο
δὲ ἡμέρας ἱκανὰς μεῖναι αὐτὸν ἐν Ἰόππῃ παρά τινι Σίμωνι βυρσεῖ.
X.    Ἀνὴρ δέ τις ἦν ἐν Καισαρίᾳ ὀνόματι Κορνήλιος, ἑκατοντάρχης
2 ἐκ σπείρης τῆς καλουμένης Ἰταλικῆς, εὐσεβὴς καὶ φοβούμενος τὸν θεὸν
σὺν παντὶ τῷ οἴκῳ αὐτοῦ, ποιῶν τε ἐλεημοσύνας πολλὰς τῷ λαῷ καὶ
3 δεόμενος τοῦ θεοῦ διαπαντός· εἶδεν ἐν ὁράματι φανερῶς ὡσεὶ περὶ ὥραν

36 Ιοππι cod    Ταβηθα cod    40 ανεκαθσε cod

28 εισπορευομενος]+και εκπορευομενος 216 ⸌    εις] εν ⸌    29 δε] τε 180 216
216 ⸌    30 om νυκτος ⸌    31 Κυριου] pr του 180 216 ⸌    32 προς] pr    ⸌
και 180 216 ⸌    34 om αυτω 216    Πετρος] pr ο 216 ⸌    ο Χριστος]
pr Ιησους 180 ⸌    35 ειδον] ειδοντες 180    36 om δε 2° 216 ⸌
38 διελθειν εως αυτων ⸌    39 om ο ⸌    περιεστησαν αυτον 216
41 δε] τε 216    και φωνησας] φωνησας δε ⸌
1 Hic desinit collatio 180    Καισαρεια 216 ⸌    3 om περι ⸌

ἐνάτην τῆς ἡμέρας ἄγγελον τοῦ θεοῦ εἰσελθόντα πρὸς αὐτὸν καὶ εἰπόντα
αὐτῷ, Κορνήλιε. ὁ δὲ ἀτενίσας αὐτῷ καὶ ἔμφοβος γενόμενος εἶπε, Τί ἐστι, 4
κύριε; εἶπε δὲ αὐτῷ, Αἱ προσευχαί σου καὶ αἱ ἐλεημοσύναι σου ἀνέβησαν
εἰς μνημόσυνον ἐνώπιον τοῦ θεοῦ. καὶ νῦν πέμψον εἰς Ἰόππην ἄνδρας, καὶ 5
μετάπεμψον Σίμωνα τὸν ἐπικαλούμενον Πέτρον· καὶ αὐτός ἐστι ξενιζόμενος πρὸς 6
Σίμωνά τινα βυρσέα, ᾧ ἐστιν οἰκία παρὰ θάλασσαν· ὡς δὲ ἀπῆλθεν ὁ 7
ἄγγελος ὁ λαλῶν τῷ Κορνηλίῳ, φωνήσας δύο τῶν οἰκετῶν αὐτοῦ καὶ
στρατιώτην εὐσεβῆ τῶν προσκαρτερούντων αὐτῷ, καὶ ἐξηγησάμενος 8
αὐτοῖς ἅπαντα, ἀπέστειλεν αὐτοὺς εἰς τὴν Ἰόππην. τῇ δὲ ἐπαύριον ὁδοι- 9
πορούντων αὐτῶν καὶ τῇ πόλει προσεγγιζόντων ἀνέβη Πέτρος ἐπὶ τὸ δῶμα
προσεύξασθαι περὶ ὥραν ἕκτην. ἐγένετο δὲ πρόσπεινος καὶ ἤθελε 10
γεύσασθαι· παρασκευαζόντων δὲ ἐκείνων ἐπέπεσεν ἐπ᾽ αὐτὸν ἔκστασις,
καὶ θεωρεῖ τὸν οὐρανὸν ἀνεῳγμένον, καὶ καταβαῖνον ἐπ᾽ αὐτὸν σκεῦός τι ὡς 11
ὀθόνην μεγάλην, τέσσαρσιν ἀρχαῖς δεδεμένον, καὶ καθιέμενον ἐπὶ τῆς γῆς·
ἐν ᾧ ὑπῆρχεν πάντα τὰ τετράποδα τῆς γῆς καὶ τὰ θηρία καὶ τὰ ἑρπετὰ καὶ 12
τὰ πετεινὰ τοῦ οὐρανοῦ. καὶ ἐγένετο φωνὴ πρὸς αὐτὸν, Ἀναστὰς, Πέτρε, 13
θῦσον καὶ φάγε. ὁ δὲ Πέτρος εἶπε, Μηδαμῶς, κύριε· ὅτι οὐδέποτε ἔφαγον 14
πᾶν κοινὸν ἢ ἀκάθαρτον. καὶ φωνὴ πάλιν ἐκ δευτέρου πρὸς αὐτὸν, Ἃ ὁ 15
θεὸς ἐκαθάρισε σὺ μὴ κοίνου. τοῦτο δὲ ἐγένετο ἐπὶ τρίς. καὶ πάλιν 16
ἀνελήφθη τὸ σκεῦος εἰς τὸν οὐρανόν.

Ὡς δὲ ἐν ἑαυτῷ διηπόρει ὁ Πέτρος τί ἂν εἴη τὸ ὅραμα ὃ εἶδε, καὶ ἰδοὺ 17
οἱ ἄνδρες οἱ ἀπεσταλμένοι ὑπὸ τοῦ Κορνηλίου, διερωτήσαντες τὴν οἰκίαν
τοῦ Σίμωνος, ἐπέστησαν ἐπὶ τὸν πυλῶνα· καὶ φωνήσαντες ἐπυνθάνοντο εἰ 18
Σίμων ὁ ἐπικαλούμενος Πέτρος ἐνθάδε ξενίζεται. τοῦ δὲ Πέτρου διενθυ- 19
μουμένου περὶ τοῦ ὁράματος εἶπεν αὐτῷ τὸ πνεῦμα, Ἰδοὺ ἄνδρες ζητοῦσί σε·
ἀλλὰ ἀναστὰς κατάβηθι καὶ πορεύου σὺν αὐτοῖς μηδὲν διακρινόμενος, 20
διότι ἐγὼ ἀπέσταλκα αὐτούς. καταβὰς δὲ Πέτρος πρὸς τοὺς ἄνδρας εἶπεν, 21
Ἰδοὺ ἐγώ εἰμι ὃν ζητεῖτε· τίς ἡ αἰτία δι᾽ ἣν πάρεστε; οἱ δὲ εἶπον, 22
Κορνήλιος ἑκατοντάρχης, ἀνὴρ δίκαιος καὶ φοβούμενος τὸν θεόν, μαρτυ-
ρούμενος ὑπὸ ὅλου τοῦ ἔθνους τῶν Ἰουδαίων, ἐχρηματίσθη ὑπὸ ἀγγέλου
ἁγίου μεταπέμψασθαί σε εἰς τὸν οἶκον αὐτοῦ καὶ ἀκοῦσαι ῥήματα παρὰ

216 ϛ    3 εννατην 216 ϛ      4 μνημοσυνον]+σου 216      5 μεταπεμψαι 216 ϛ
ος επικαλειται Πετρος ϛ      6 και αυτος...βυρσεα] ουτος ξενιζεται παρα τινι
Σιμωνι βυρσει ϛ           θαλασσαν]+ουτος λαλησει σοι τι σε δει ποιειν ϛ
8 απαντα] παντα 216 (?)      om την 216      9 αυτων] εκεινων ϛ, αυτων εκεινων
216    εγγιζοντων ϛ      11 ανεωγμενον και τεσσαρσιν αρχαις δεδεμενον σκευος
τι ως οθονην μεγαλην καταβαινον και καθιεμενον 216      17 ο ειδε] τουτο 216
υπο] απο ϛ      om του 2° ϛ      19 ενθυμουμενου ϛ      ανδρες]+τρεις ϛ
21 ανδρας]+τους απεσταλμενους απο του Κορνηλιου προς αυτον ϛ      om ιδου
216      22 εκατονταρχος 216*      μαρτυρουμενος]+τε ϛ

23 σοῦ. εἰσκαλεσάμενος οὖν αὐτοὺς ἐξένισε. τῇ δὲ ἐπαύριον ἀναστὰς ὁ
Πέτρος ἐξῆλθε σὺν αὐτοῖς, καί τινες τῶν ἀδελφῶν τῶν ἀπὸ Ἰόππης
24 συνῆλθον αὐτῷ. καὶ τῇ ἐπαύριον εἰσῆλθεν εἰς Καισάρειαν· ὁ δὲ Κορνήλιος
ἦν προσδοκῶν αὐτούς, συγκαλεσάμενος τοὺς συγγενεῖς αὐτοῦ καὶ τοὺς
ἀναγκαίους φίλους.
25 Ὡς δὲ ἐγένετο τοῦ εἰσελθεῖν τὸν Πέτρον, συναντήσας αὐτῷ ὁ Κορνήλιος
26 πεσὼν ἐπὶ τοὺς πόδας προσεκύνησεν. ὁ δὲ Πέτρος ἤγειρεν αὐτὸν λέγων,
27 Ἀνάστηθι· καὶ γὰρ ἐγὼ αὐτὸς ἄνθρωπός εἰμι. καὶ συνομιλῶν αὐτῷ εἰσῆλθε,
28 καὶ εὑρίσκει συνεληλυθότας πολλούς, ἔφη τε πρὸς αὐτούς, Ὑμεῖς ἐπίστασθε
ὡς ἀθέμιτόν ἐστιν ἀνδρὶ Ἰουδαίῳ κολλᾶσθαι ἢ προσέρχεσθαι ἀλλοφύλῳ·
29 καὶ ἐμοὶ ὁ θεὸς ἔδειξε μηδένα κοινὸν ἢ ἀκάθαρτον λέγειν ἄνθρωπον· διὸ
καὶ ἀναντιρρήτως ἦλθον μεταπεμφθείς. πυνθάνομαι οὖν, τίνι λόγῳ
30 μετεπέμψασθέ με; καὶ ὁ Κορνήλιος ἔφη, Ἀπὸ τετάρτης ἡμέρας καὶ μέχρι
ταύτης τῆς ὥρας ἤμην νηστεύων, καὶ τὴν ἐννάτην ὥραν προσευχόμενος ἐν
31 τῷ οἴκῳ μου· καὶ ἰδοὺ ἀνὴρ ἔστη ἐνώπιόν μου ἐν ἐσθῆτι λαμπρᾷ, καὶ
φησι, Κορνήλιε, εἰσηκούσθη σου ἡ προσευχή, καὶ αἱ ἐλεημοσύναι σου
32 ἀνέβησαν ἐνώπιον τοῦ θεοῦ. πέμψον οὖν εἰς Ἰόππην, καὶ μετακάλεσαι
Σίμωνα ὃς ἐπικαλεῖται Πέτρος· οὗτος ξενίζεται ἐν οἰκίᾳ Σίμωνος βυρσέως
33 παρὰ θάλασσαν· ὃς παραγενόμενος λαλήσει σοι. ἐξαυτῆς οὖν ἔπεμψα
πρός σε· σύ τε καλῶς ἐποίησας παραγενόμενος. νῦν οὖν πάντες ἡμεῖς
ἐνώπιον τοῦ θεοῦ πάρεσμεν ἀκοῦσαι πάντα τὰ προστεταγμένα σοι ὑπὸ
τοῦ κυρίου.
34 Ἀνοίξας δὲ Πέτρος τὸ στόμα εἶπεν, Ἐπ' ἀληθείας καταλαμβάνομαι
35 ὅτι οὐκ ἔστι προσωπολήπτης ὁ θεός, ἀλλ' ἐν παντὶ ἔθνει ὁ φοβούμενος
36 αὐτὸν καὶ ἐργαζόμενος δικαιοσύνην δεκτὸς αὐτῷ ἐστιν. τὸν γὰρ λόγον αὐτοῦ
ἀπέστειλε τοῖς υἱοῖς Ἰσραὴλ, εὐαγγελιζόμενος εἰρήνην διὰ Ἰησοῦ· οὗτός
37 ἐστι πάντων κύριος. ὑμεῖς οἴδατε τὸ γεγονὸς ῥῆμα καθ' ὅλης τῆς Ἰουδαίας,
ἀρξάμενον ἀπὸ τῆς Γαλιλαίας μετὰ τὸ βάπτισμα ὃ ἐκήρυξεν Ἰωάννης,
38 Ἰησοῦν τὸν ἀπὸ Ναζαρέτ, ὡς ἔχρισεν αὐτὸν ὁ θεὸς πνεύματι ἁγίῳ καὶ
δυνάμει, ὃς διῆλθεν εὐεργετῶν καὶ ἰώμενος πάντας τοὺς καταδυναστευο-

---

**24** συγκενεις cod    **29** μετεπεμψασθαι cod    **32** Ιοππην cod
    **38** ως] ος cod

---

**23** om αναστας ς    Ιοππης] pr της ς    **24** εισηλθον 216 ς    Καισαρειαν] 216 ς
pr την 216 ς    **25** om του ς    ελθειν 216    **26** αυτον ηγειρε ς
και γαρ εγω] καγω ς    **27** πολλους] pr τους 216    **28** om ο θεος...
ανθρωπον 216*    **30** om και 2° ς    ενατην 216    **31** αι προσευχαι
σου εισηκουσθησαν 216    ανεβησαν] εμνησθησαν ς    **33** κυριου] θεου ς
**36** om γαρ ς    αυτου] ον ς    Ιησου]+Χριστου 216 ς    **37** γεγονος]
γενομενον ς    Ιωαννης] pr ο 216

μένους ὑπὸ τοῦ διαβόλου, ὅτι ὁ θεὸς ἦν μετ' αὐτοῦ· καὶ ἡμεῖς μάρτυρές 39
ἐσμεν πάντων ὧν ἐποίησεν ἐν τῇ χώρᾳ τῶν Ἰουδαίων καὶ ἐν Ἰερουσαλήμ·
ὃν καὶ ἀνεῖλον κρεμάσαντες ἐπὶ ξύλου. τοῦτον ὁ θεὸς ἤγειρε τῇ τρίτῃ 40
ἡμέρᾳ, καὶ ἔδωκεν αὐτὸν ἐμφανῆ γενέσθαι, οὐ παντὶ τῷ λαῷ ἀλλὰ μάρτυσι 41
τοῖς προκεχειροτονημένοις ὑπὸ τοῦ θεοῦ, ἡμῖν, οἵτινες συνεφάγομεν καὶ
συνεπίομεν αὐτῷ μετὰ τὸ ἀναστῆναι αὐτὸν ἐκ νεκρῶν. καὶ παρήγγειλεν 42
ἡμῖν κηρύξαι τῷ λαῷ, καὶ διαμαρτύρασθαι ὅτι οὗτός ἐστιν ὁ ὡρισμένος ὑπὸ
τοῦ θεοῦ κριτὴς ζώντων καὶ νεκρῶν. τούτῳ πάντες οἱ προφῆται μαρτυ- 43
ροῦσιν, ἄφεσιν ἁμαρτιῶν λαβεῖν διὰ τοῦ ὀνόματος αὐτοῦ πάντα τὸν
πιστεύοντα εἰς αὐτόν. ἔτι λαλοῦντος τοῦ Πέτρου τὰ ῥήματα ταῦτα 44
ἐπέπεσε τὸ πνεῦμα τὸ ἅγιον ἐπὶ πάντας τοὺς ἀκούοντας τὸν λόγον. καὶ 45
ἐξέστησαν οἱ ἐκ περιτομῆς πιστοὶ ὅσοι συνῆλθον τῷ Πέτρῳ, ὅτι καὶ ἐπὶ τὰ
ἔθνη ἡ δωρεὰ τοῦ ἁγίου πνεύματος ἐκκέχυται. ἤκουον γὰρ αὐτῶν λαλούν- 46
των γλώσσαις καὶ μεγαλυνόντων τὸν θεόν. τότε ἀπεκρίθη ὁ Πέτρος,
Μήτι τὸ ὕδωρ κωλῦσαι δύναταί τις τοῦ μὴ βαπτισθῆναι τούτους, οἵτινες 47
τὸ πνεῦμα τὸ ἅγιον ἔλαβον ὡς καὶ ἡμεῖς; προσέταξεν δὲ αὐτοὺς βαπτι- 48
σθῆναι ἐν τῷ ὀνόματι Ἰησοῦ Χριστοῦ. τότε ἠρώτησαν αὐτὸν ἐπιμεῖναι
ἡμέρας τινάς.

XI. Ἤκουσαν δὲ οἱ ἀπόστολοι καὶ οἱ ἀδελφοὶ οἱ ὄντες κατὰ τὴν
Ἰουδαίαν ὅτι καὶ τὰ ἔθνη ἐδέξαντο τὸν λόγον τοῦ θεοῦ. καὶ ὅτε ἀνέβη 2
Πέτρος εἰς Ἰεροσόλυμα διεκρίνοντο πρὸς αὐτὸν οἱ ἐκ περιτομῆς, λέγοντες 3
ὅτι πρὸς ἄνδρας ἀκροβυστίαν ἔχοντας εἰσῆλθε καὶ συνέφαγεν αὐτοῖς.
ἀρξάμενος δὲ ὁ Πέτρος ἐξετίθετο αὐτοῖς καθεξῆς λέγων, Ἐγὼ ἤμην ἐν 4
πόλει Ἰόππῃ προσευχόμενος, καὶ εἶδον ἐν ἐκστάσει ὅραμα, καταβαῖνον 5
σκεῦός τι ὡς ὀθόνην μεγάλην τέσσαρσιν ἀρχαῖς καθειμένην ἐκ τοῦ οὐρανοῦ,
καὶ ἦλθεν ἄχρις ἐμοῦ· εἰς ἣν ἀτενίσας κατενόουν, καὶ εἶδον τὰ τετράποδα 6
τῆς γῆς καὶ τὰ θηρία καὶ τὰ ἑρπετὰ καὶ τὰ πετεινὰ τοῦ οὐρανοῦ. ἤκουσα 7
δὲ φωνῆς λεγούσης μοι, Ἀναστάς, Πέτρε, θῦσον καὶ φάγε. εἶπον δέ, 8
Μηδαμῶς, κύριε· ὅτι οὐδέποτε κοινὸν ἢ ἀκάθαρτον εἰσῆλθεν εἰς τὸ στόμα
μου. ἀπεκρίθη δέ μοι φωνὴ ἐκ δευτέρου ἐκ τοῦ οὐρανοῦ, Ἃ ὁ θεὸς 9
ἐκαθάρισε, σὺ μὴ κοίνου. τοῦτο δὲ ἐγένετο ἐπὶ τρίς, καὶ πάλιν ἀνεσπάσθη 10
ἅπαντα εἰς τὸν οὐρανόν. καὶ ἰδοὺ ἐξαυτῆς τρεῖς ἄνδρες ἐπέστησαν ἐπὶ 11
τὴν οἰκίαν ἐν ᾗ ἤμην, ἀπεσταλμένοι ἀπὸ Καισαρείας πρός με. εἶπε δέ μοι 12
καὶ τὸ πνεῦμα συνελθεῖν αὐτοῖς μηδὲν διακρινόμενον· ἦλθον δὲ σὺν ἐμοὶ

40 εμφανει cod (et 216)

216 ς    39 εσμεν μαρτυρες ς    εν 1°]+τε ς    .  om και 3° ς    42 ουτος]
αυτος 216 ς    45 του πνευματος του αγιου 216    47 ως] καθως ς
48 δε] τε 216 ς    Ιησου Χριστου] του κυριου ς
    3 εισηλθες και συνεφαγες ς    5 πολει]pr τη 216    καθιεμενην 216 ς    8 παν
κοινον η ακαθαρτον ουδεποτε ς    10 απεσπασθη 216    12 om και 1° 216 ς

13 καὶ οἱ ἐξ ἀδελφοὶ οὗτοι, καὶ εἰσήλθομεν εἰς τὸν οἶκον τοῦ ἀνδρός.　ἀπήγγειλε
δὲ ἡμῖν πῶς εἶδε τὸν ἄγγελον ἐν τῷ οἴκῳ αὐτοῦ σταθέντα καὶ εἰπόντα αὐτῷ,
Ἀπόστειλον εἰς Ἰόππην ἄνδρας, καὶ μετάπεμψαι Σίμωνα τὸν ἐπικαλού-
14 μενον Πέτρον, ὃς λαλήσει ῥήματα πρός σε ἐν οἷς σωθήσῃ σὺ καὶ πᾶς ὁ
15 οἶκός σου.　ἐν δὲ τῷ ἄρξασθαί με λαλεῖν ἐπέπεσε τὸ πνεῦμα τὸ ἅγιον ἐπ'
16 αὐτούς, ὥσπερ καὶ ἐφ' ἡμᾶς ἐν ἀρχῇ.　ἐμνήσθην δὲ τοῦ ῥήματος τοῦ
κυρίου, ὡς ἔλεγεν ὅτι Ἰωάννης μὲν ἐβάπτισεν ὕδατι ὑμεῖς δὲ βαπτισθή-
17 σεσθε ἐν πνεύματι ἁγίῳ.　εἰ οὖν τὴν ἴσην δωρεὰν ἔδωκεν αὐτοῖς ὁ θεὸς
ὡς καὶ ἡμῖν πιστεύσασιν ἐπὶ κύριον Ἰησοῦν Χριστόν, ἐγὼ τίς ἤμην
18 δυνατὸς κωλῦσαι τὸν θεόν; ἀκούσαντες δὲ ταῦτα ἡσύχασαν, καὶ ἐδόξασαν
τὸν θεὸν λέγοντες, Ἄραγε καὶ τοῖς ἔθνεσιν ὁ θεὸς τὴν μετάνοιαν εἰς ζωὴν
ἔδωκεν.

19　　Οἱ μὲν οὖν διασπαρέντες ἀπὸ τῆς θλίψεως τῆς γενομένης ἐπὶ Στεφάνῳ
διῆλθον ἕως Φοινίκης καὶ Κύπρου καὶ Ἀντιοχείας, μηδενὶ λαλοῦντες τὸν
20 λόγον εἰ μὴ μόνοις Ἰουδαίοις.　ἦσαν δέ τινες ἐξ αὐτῶν ἄνδρες Κύπριοι
καὶ Κυρηναῖοι, οἵτινες εἰσελθόντες εἰς Ἀντιόχειαν ἐλάλουν πρὸς τοὺς
21 Ἑλληνιστάς, εὐαγγελιζόμενοι τὸν κύριον Ἰησοῦν.　καὶ ἦν χεὶρ Κυρίου μετ'
22 αὐτῶν· πολύς τε ἀριθμὸς πιστεύσας ἐπέστρεψεν ἐπὶ τὸν κύριον.　ἠκούσθη
δὲ ὁ λόγος εἰς τὰ ὦτα τῆς ἐκκλησίας τῆς οὔσης ἐν Ἱερουσαλὴμ περὶ αὐτῶν·
23 καὶ ἐξαπέστειλαν Βαρνάβαν διελθεῖν ἕως Ἀντιοχείας.　ὃς παραγενόμενος
καὶ ἰδὼν τὴν χάριν τοῦ θεοῦ ἐχάρη, καὶ παρεκάλει πάντας τῇ προθέσει τῆς
24 καρδίας προσμένειν τῷ κυρίῳ· ὅτι ἦν ἀνὴρ ἀγαθὸς καὶ πλήρης πνεύματος
25 ἁγίου καὶ πίστεως.　καὶ προσετέθη ὄχλος ἱκανὸς τῷ κυρίῳ.　ἐξῆλθε δὲ εἰς
Ταρσὸν ὁ Βαρνάβας ἀναζητῆσαι Παῦλον, καὶ εὑρὼν ἤγαγεν αὐτὸν εἰς
26 Ἀντιόχειαν.　ἐγένετο δὲ αὐτοῖς καὶ ἐνιαυτὸν ὅλον συναχθῆναι ἐν τῇ
ἐκκλησίᾳ καὶ διδάξαι ὄχλον ἱκανόν, χρηματίσαι τε πρῶτον ἐν Ἀντιοχείᾳ
27 τοὺς μαθητὰς Χριστιανούς.　ἐν αὐταῖς δὲ ταῖς ἡμέραις κατῆλθον ἀπὸ
28 Ἱεροσολύμων προφῆται εἰς Ἀντιόχειαν.　ἀναστὰς δὲ εἷς ἐξ αὐτῶν ὀνόματι
Ἄγαβος ἐσήμανε διὰ τοῦ πνεύματος λιμὸν μέγαν ἔσεσθαι ἐφ' ὅλην τὴν
29 οἰκουμένην· ὅστις καὶ ἐγένετο ἐπὶ Κλαυδίου Καίσαρος.　τῶν δὲ μαθητῶν
καθὼς ηὐπορεῖτό τις ὥρισαν ἕκαστος αὐτῶν εἰς διακονίαν πέμψαι τοῖς
30 κατοικοῦσιν ἐν τῇ Ἰουδαίᾳ ἀδελφοῖς· ὃ καὶ ἐποίησαν, ἀποστείλαντες πρὸς
τοὺς πρεσβυτέρους διὰ χειρὸς Βαρνάβα καὶ Παύλου.

30　ἀποσταλεντες cod

13 δε] τε 216 ς　　16 om του ς　　om οτι 216 ς　　17 κυριον] 216 ς
pr τον 216 ς　　εγω]+δε 216 ς　　18 εδοξαζον ς　　εδωκεν εις ζωην ς
εδωκε την μετανοιαν εις ζωην 216　　19 μονον ς　　20 Κυριναιοι 216
Ελληνας 216　　22 om ουσης ς　　Ιεροσολυμοις 216 ς　　25 Σαυλον 216 ς
ευρων]+αυτον ς　　26 αυτους ς　　om και 1° 216 ς　　om εν 1° 216
27 ταυταις ς　　28 εσεσθαι] pr μελλειν 216 ς　　30 Σαυλου 216 ς

XII. Κατ᾽ ἐκεῖνον δὲ τὸν καιρὸν ἐπέβαλεν ὁ βασιλεὺς Ἡρῴδης τὰς χεῖρας κακῶσαί τινας τῶν ἀπὸ τῆς ἐκκλησίας ἐν τῇ Ἰουδαίᾳ. ἀνεῖλε δὲ 2 Ἰάκωβον τὸν ἀδελφὸν Ἰωάννου μαχαίρᾳ. καὶ ἰδὼν ὅτι ἀρεστόν ἐστι τοῖς 3 Ἰουδαίοις προσέθετο συλλαβεῖν καὶ Πέτρον, (ἦσαν δὲ αἱ ἡμέραι τῶν ἀζύμων,) ὃν καὶ πιάσας ἔθετο εἰς φυλακὴν, παραδοὺς τέσσαρσι τετραδίοις 4 στρατιωτῶν φυλάσσειν αὐτὸν, βουλόμενος αὐτὸν μετὰ τὸ πάσχα ἀναγαγεῖν τῷ λαῷ. ὁ μὲν οὖν Πέτρος ἐτηρεῖτο ἐν τῇ φυλακῇ· προσευχὴ δὲ ἦν 5 ἐκτενὴς γενομένη ὑπὸ τῆς ἐκκλησίας πρὸς τὸν θεὸν ὑπὲρ αὐτοῦ.

Ὅτε δὲ ἤμελλε προάγειν αὐτὸν ὁ Ἡρῴδης, τῇ νυκτὶ ἐκείνῃ ἦν ὁ Πέτρος 6 κοιμώμενος μεταξὺ δύο στρατιωτῶν δεδεμένος ἁλύσεσι δυσὶ, φύλακές τε πρὸ τῆς θύρας ἐτήρουν τὴν φυλακήν. καὶ ἰδοὺ ἄγγελος κυρίου ἐπέστη, καὶ 7 φῶς ἔλαμψεν ἐν τῷ οἰκήματι· πατάξας δὲ τὴν πλευρὰν τοῦ Πέτρου ἤγειρεν αὐτὸν λέγων, Ἀνάστα ἐν τάχει. καὶ ἐξέπεσον αὐτοῦ αἱ ἁλύσεις ἐκ τῶν χειρῶν. εἶπε δὲ ὁ ἄγγελος πρὸς αὐτὸν, Ζῶσαι καὶ ὑπόδησαι τὰ σανδάλιά 8 σου. ἐποίησε δὲ οὕτως. καὶ λέγει αὐτῷ, Περιβαλοῦ τὸ ἱμάτιόν σου καὶ ἀκολούθει μοι. καὶ ἐξελθὼν ἠκολούθει αὐτῷ· καὶ οὐκ ᾔδει ὅτι ἀληθές 9 ἐστι τὸ γινόμενον διὰ τοῦ ἀγγέλου, ἐδόκει δὲ ὅραμα βλέπειν. διελθόντες 10 δὲ πρώτην φυλακὴν καὶ δευτέραν ἦλθον ἐπὶ τὴν πύλην τὴν σιδηρᾶν τὴν φέρουσαν εἰς τὴν πόλιν, ἥτις αὐτομάτη ἠνοίχθη αὐτοῖς· καὶ ἐξελθόντες προῆλθον ῥύμην μίαν, καὶ εὐθέως ἀπέστη ὁ ἄγγελος ἀπ᾽ αὐτοῦ. καὶ ὁ 11 Πέτρος ἐν ἑαυτῷ γενόμενος εἶπε, Νῦν οἶδα ἀληθῶς ὅτι ἐξαπέστειλεν ὁ κύριος τὸν ἄγγελον αὐτοῦ καὶ ἐξείλετό με ἐκ χειρὸς Ἡρῴδου καὶ πάσης τῆς προσδοκίας τοῦ λαοῦ τῶν Ἰουδαίων. συνιδών τε ἦλθεν ἐπὶ τὴν οἰκίαν 12 Μαρίας τῆς μητρὸς Ἰωάννου τοῦ ἐπικαλουμένου Μάρκου, οὗ ἦσαν ἱκανοὶ συνηθροισμένοι ἀδελφοὶ καὶ προσευχόμενοι.

Κρούσαντος δὲ τοῦ Πέτρου τὴν θύραν τοῦ πυλῶνος προσῆλθε παιδίσκη 13 ὑπακοῦσαι ὀνόματι Ῥόδη· καὶ ἐπιγνοῦσα τὴν φωνὴν τοῦ Πέτρου ἀπὸ τῆς 14 χαρᾶς οὐκ ἤνοιξεν αὐτῷ τὸν πυλῶνα, εἰσδραμοῦσα δὲ ἀπήγγειλεν ἑστάναι τὸν Πέτρον πρὸς τὸν πυλῶνα. οἱ δὲ πρὸς αὐτὴν εἶπον, Μαίνῃ. ἡ δὲ 15 διϊσχυρίζετο οὕτως ἔχειν. οἱ δὲ ἔλεγον, Ὁ ἄγγελος αὐτοῦ ἐστίν. ὁ δὲ 16 Πέτρος ἐπέμενε κρούων· ἀνοίξαντες δὲ εἶδον αὐτὸν καὶ ἐξέστησαν. κατα- 17

8 υποδησε cod    12 ιῶᵍ cod    15 οι δε...ειπον] 137* scripsit ο δε... ειπε sed ipse ι inter ο et δε inseruit, ειπε tamen immutatum reliquit

216ϛ    1 Ηρωδης ο βασιλευς ϛ    om εν τη Ιουδαια 216 ϛ    3 om αι 216 ϛ
4 αυτον 2° post αναγαγειν 216 ϛ    5 γινομενη 216 ϛ    6 εμελλεν
αυτον προαγειν ϛ    7 εξεπεσον] pr παραχρημα 216    εκ] απο 216    8 δε] τε ϛ
περιζωσαι 216 ϛ    9 γενομενον 216    δια] παρα 216    11 γενομενος
εν εαυτω ϛ    om ο ϛ    12 om αδελφοι 216 ϛ    14 om αυτω ϛ
προς τον πυλωνα] προ του πυλωνος 216 ϛ

σείσας δὲ τῇ χειρὶ αὐτοῖς σιγᾶν διηγήσατο αὐτοῖς πῶς ὁ κύριος ἐξήγαγεν
ἐκ τῆς φυλακῆς αὐτόν. εἶπε δέ, Ἀπαγγείλατε Ἰακώβῳ καὶ τοῖς ἀδελφοῖς
18 ταῦτα. καὶ ἐξελθὼν ἐπορεύθη εἰς ἕτερον τόπον. γενομένης δὲ ἡμέρας ἦν
19 τάραχος οὐκ ὀλίγος ἐν τοῖς στρατιώταις, τί ἄρα ὁ Πέτρος ἐγένετο. Ἡρώδης
δὲ ἐπιζητήσας αὐτὸν καὶ μὴ εὑρὼν ἀνακρίνας τοὺς φύλακας ἐκέλευσεν
ἀπαχθῆναι· καὶ κατελθὼν ἀπὸ τῆς Ἰουδαίας εἰς Καισάρειαν διέτριβεν.
20 Ἦν δὲ Ἡρώδης θυμομαχῶν Τυρίοις καὶ Σιδωνίοις. ὁμοθυμαδὸν δὲ ἐξ
ἀμφοτέρων τῶν μερῶν παρῆσαν πρὸς αὐτόν, καὶ πείσαντες Βλάστον τὸν ἐπὶ
τοῦ κοιτῶνος τοῦ βασιλέως ᾐτοῦντο εἰρήνην διὰ τὸ τρέφεσθαι αὐτῶν τὴν
χώραν ἀπὸ τῆς βασιλικῆς.
21    Τακτῇ δὲ ἡμέρᾳ ὁ Ἡρώδης ἐνδυσάμενος ἐσθῆτα βασιλικὴν καὶ καθίσας
22 ἐπὶ τοῦ βήματος ἐδημηγόρει πρὸς αὐτούς. ὁ δὲ δῆμος ἐπεφώνει, Θεοῦ
23 φωνὴ καὶ οὐκ ἀνθρώπου. παραχρῆμα δὲ αὐτὸν ἐπάταξεν ἄγγελος Κυρίου,
ἀνθ' ὧν οὐκ ἔδωκε δόξαν τῷ θεῷ· καὶ γενόμενος σκωληκόβρωτος ἐξέψυξεν.
24
25 ὁ δὲ λόγος τοῦ θεοῦ ηὔξανε καὶ ἐπληθύνετο. Βαρνάβας δὲ καὶ Σαῦλος,
ὃς ἐπεκλήθη Παῦλος, ὑπέστρεψαν ἀπὸ Ἱερουσαλὴμ πληρώσαντες τὴν
διακονίαν, συμπαραλαβόντες καὶ Ἰωάνην τὸν ἐπικληθέντα Μάρκον.

XIII. Ἦσαν δέ τινες ἐν Ἀντιοχείᾳ κατὰ τὴν οὖσαν ἐκκλησίαν
προφῆται καὶ διδάσκαλοι, ὅ τε Βαρνάβας καὶ Συμεὼν ὁ καλούμενος
Νίγερ, καὶ Λούκιος ὁ Κυρηναῖος, Μαναήν τε Ἡρώδου τοῦ τετράρχου
2 σύντροφος, καὶ Σαῦλος. λειτουργούντων δὲ αὐτῶν τῷ κυρίῳ καὶ νηστευ-
όντων εἶπε τὸ πνεῦμα τὸ ἅγιον, Ἀφορίσατε δή μοι τὸν Βαρνάβαν καὶ
3 Σαῦλον εἰς τὸ ἔργον ὃ προσκέκλημαι αὐτούς. τότε νηστεύσαντες καὶ
4 προσευξάμενοι καὶ ἐπιθέντες τὰς χεῖρας αὐτοῖς ἀπέλυσαν. οὗτοι μὲν οὖν
ἐκπεμφθέντες ὑπὸ τοῦ πνεύματος τοῦ ἁγίου κατῆλθον εἰς τὴν Σελεύκειαν,
5 κἀκεῖθεν ἀπέπλευσαν εἰς τὴν Κύπρον. καὶ γενόμενοι ἐν Σαλαμῖνι κατήγ-
γελλον τὸν λόγον τοῦ θεοῦ ἐν ταῖς συναγωγαῖς τῶν Ἰουδαίων· εἶχον δὲ
6 καὶ Ἰωάννην ὑπηρετοῦντα αὐτοῖς. διελθόντες δὲ τὴν νῆσον ὅλην ἄχρι
Πάφου εὗρον ἄνδρα τινὰ μάγον ψευδοπροφήτην Ἰουδαῖον, ᾧ ὄνομα
7 Βαριησοῦν, ὃς ἦν σὺν τῷ ἀνθυπάτῳ Σεργίῳ Παύλῳ, ἀνδρὶ συνετῷ. οὗτος
προσκαλεσάμενος Βαρνάβαν καὶ Παῦλον ἐπεζήτησεν ἀκοῦσαι τὸν λόγον

17 αυτοις τη χειρι 216 ς    διηγησατο] εξηγησατο 216*    αυτον ante 216 ς
εξηγαγεν ς    19 Καισαρειαν] pr την 216 ς    20 Ηρωδης] pr ο 216 (?) ς
δε 2°] τε 216    om εξ αμφ. των μερων 216 ς    παρησαν] ησαν 216
22 φωνη Κυριου 216    23 επαταξεν αυτον ς    δοξαν] pr την ς    25 om
ος επεκληθη Παυλος 216 ς    απο] εξ ς    Ιωαννην 216 ς
1 Hic incipit collatio 58    2 αυτων] αυτω 58*    om δη 58    τον]+τε ς 58 216 ς
Σαυλον] pr τον 58 ς    3 αυτοις τας χ. 58    4 κακειθεν] εκειθεν δε 58,
εκειθεν τε ς    5 κατηγγελον 58 216    υπηρετουντα αυτοις] υπηρετην 58 216 ς
6 om ολην 58 216 ς    om ανδρα 58 216 ς    Βαριησους 58 216 ς
7 Παυλον] Σαυλον 58 216 ς

τοῦ θεοῦ. ἀνθίστατο δὲ αὐτοῖς Ἐλύμας ὁ μάγος, οὕτως γὰρ μεθερμη- 8
νεύεται τὸ ὄνομα αὐτοῦ, ζητῶν τὸν ἀνθύπατον διαστρέψαι ἀπὸ τῆς πίστεως.
Σαῦλος δὲ, ὁ καὶ Παῦλος, πλησθεὶς πνεύματος ἁγίου καὶ ἀτενίσας εἰς 9
αὐτὸν εἶπεν, Ὦ πλήρης παντὸς δόλου καὶ πάσης ῥαδιουργίας, υἱὲ διαβόλου, 10
ἐχθρὲ πάσης δικαιοσύνης, οὐ παύῃ διαστρέφων τὰς ὁδοὺς Κυρίου τὰς
εὐθείας; καὶ νῦν ἰδοὺ χεὶρ Κυρίου ἐπὶ σὲ, καὶ ἔσῃ τυφλὸς μὴ βλέπων τὸν 11
ἥλιον ἄχρι καιροῦ. παραχρῆμα δὲ ἐπέπεσεν ἐπ᾽ αὐτὸν ἀχλὺς καὶ σκότος,
καὶ περιάγων ἐζήτει χειραγωγούς. τότε ἰδὼν ὁ ἀνθύπατος τὸ γεγονὸς 12
ἐπίστευσεν, ἐκπλησσόμενος ἐπὶ τῇ διδαχῇ τοῦ κυρίου.
Ἀναχθέντες δὲ ἀπὸ τῆς Πάφου οἱ περὶ Παῦλον ἦλθον εἰς Πέργην τῆς 13
Παμφυλίας. Ἰωάννης δὲ ἀποχωρήσας ἀπ᾽ αὐτῶν ὑπέστρεψεν εἰς Ἱεροσό-
λυμα. αὐτοὶ δὲ διελθόντες ἀπὸ τῆς Πέργης παρεγένοντο εἰς Ἀντιόχειαν 14
τῆς Πισιδίας, καὶ εἰσελθόντες εἰς τὴν συναγωγὴν τῇ ἡμέρᾳ τῶν σαββάτων
ἐκάθισαν. μετὰ δὲ τὴν ἀνάγνωσιν τοῦ νόμου καὶ τῶν προφητῶν ἀπέστειλαν 15
οἱ ἀρχισυνάγωγοι πρὸς αὐτοὺς λέγοντες, Ἄνδρες ἀδελφοὶ, εἰ ἔστιν ἐν ὑμῖν
λόγος παρακλήσεως πρὸς τὸν λαὸν, λέγετε. ἀναστὰς δὲ Παῦλος καὶ 16
κατασείσας τῇ χειρὶ εἶπεν, Ἄνδρες Ἰσραηλῖται καὶ οἱ φοβούμενοι τὸν
θεὸν, ἀκούσατε. ὁ θεὸς τοῦ λαοῦ τούτου ἐξελέξατο τοὺς πατέρας ἡμῶν 17
διὰ τὸν λαὸν καὶ ὕψωσεν ἐν τῇ παροικίᾳ ἐν γῇ Αἰγύπτου, καὶ μετὰ βραχίονος
ὑψηλοῦ ἐξήγαγεν αὐτοὺς ἐξ αὐτῆς· καὶ ὡς τεσσαρακονταετῆ χρόνον ἐτρο- 18
ποφόρησεν αὐτοὺς ἐν τῇ ἐρήμῳ· καὶ καθελὼν ἔθνη ἑπτὰ ἐν γῇ Χαναὰν 19
κατεκληρονόμησεν αὐτοῖς τὴν γῆν αὐτῶν ἔτεσι τετρακοσίοις καὶ πεντήκοντα, 20
καὶ ἔδωκε κριτὰς ἕως Σαμουὴλ τοῦ προφήτου· κἀκεῖθεν ᾐτήσαντο βασιλέα, 21
καὶ ἔδωκεν αὐτοῖς ὁ θεὸς τὸν Σαοὺλ υἱὸν Κὶς, ἄνδρα ἐκ φυλῆς Βενιαμὴν, ἔτη
τεσσαράκοντα· καὶ μεταστήσας αὐτὸν ἤγειρεν αὐτοῖς τὸν Δαβὶδ εἰς 22
βασιλέα, ᾧ καὶ εἶπε μαρτυρήσας, Εὗρον Δαβὶδ τὸν τοῦ Ἰεσσαὶ, ἄνδρα
κατὰ τὴν καρδίαν μου, ὃς ποιήσει πάντα τὰ θελήματά μου. τούτου ὁ θεὸς 23
ἀπὸ τοῦ σπέρματος κατ᾽ ἐπαγγελίαν ἤγειρε τῷ Ἰσραὴλ σωτῆρα Ἰησοῦν,
προκηρύξαντος Ἰωάννου πρὸ προσώπου τῆς εἰσόδου αὐτοῦ βάπτισμα 24
μετανοίας παντὶ τῷ λαῷ Ἰσραήλ. ὡς δὲ ἐπλήρου ὁ Ἰωάννης τὸν δρόμον 25

17 βραχιωνος cod        21 ητησατο 137* sed ν supra scripsit ipsa p.m.
nisi fallor.        23 τουτον cod

58 216        8 διαστρεψαι τον ανθυπατον 58 ϛ        9 om και 2° 216        10 om πασης
ϛ
1° 58*        παυση ϛ        Κυριου] pr του 58        11 Κυριου] pr του ϛ
13 Παυλον] pr τον 58 ϛ        αποχωρισας 216        15 λογος εν υμιν 58 ϛ
17 τουτου] + Ισραηλ ϛ        δια τον λαον και] και τον λαον 58 216 ϛ        Αιγυπτω
216* ϛ        om αυτους 58*        19 κατεκληροδοτησεν ϛ        20 ετεσι] ως
ετεσι 216*, και μετα ταυτα ως ετεσι 58 216corr ϛ        om και 58 216 ϛ        21 om
ο θεος 58        Βενιαμιν 216 ϛ        23 ηγειρε] ηγαγε 58        om Ιησουν 58
24 om παντι 58        om λαω 58*

ἔλεγε, Τίνα με ὑπονοεῖτε εἶναι; οὐκ εἰμὶ ἐγώ, ἀλλ' ἰδοὺ ἔρχεται μετ' ἐμὲ οὗ
26 οὐκ εἰμὶ ἄξιος τὸ ὑπόδημα τῶν ποδῶν λῦσαι. Ἄνδρες ἀδελφοί, υἱοὶ γένους
Ἀβραὰμ καὶ οἱ ἐν ὑμῖν φοβούμενοι τὸν θεόν, ἡμῖν ὁ λόγος τῆς σωτηρίας
27 ταύτης ἀπεστάλη. οἱ γὰρ κατοικοῦντες Ἱερουσαλὴμ καὶ οἱ ἄρχοντες αὐτῶν,
τοῦτον ἀγνοήσαντες καὶ τὰς φωνὰς τῶν προφητῶν τὰς κατὰ πᾶν σάββατον
28 ἀναγινωσκομένας, κρίναντες ἐπλήρωσαν· καὶ μηδεμίαν αἰτίαν θανάτου
29 εὑρόντες ἐν αὐτῷ ᾐτήσαντο Πιλάτον ἀναιρεθῆναι αὐτόν. ὡς δὲ ἐτέλεσαν
πάντα τὰ περὶ αὐτοῦ γεγραμμένα, καθελόντες ἀπὸ τοῦ ξύλου ἔθηκαν εἰς
30 μνημεῖον. ὁ δὲ θεὸς ἤγειρεν αὐτὸν ἐκ νεκρῶν. ὃς ὤφθη ἐπὶ ἡμέρας
31
πλείους τοῖς συναναβᾶσιν αὐτῷ ἀπὸ τῆς Γαλιλαίας εἰς Ἱερουσαλήμ,
32 οἵτινες ἄχρι νῦν εἰσὶ μάρτυρες αὐτοῦ πρὸς τὸν λαόν. καὶ ἡμεῖς ὑμᾶς
εὐαγγελιζόμεθα τὴν πρὸς τοὺς πατέρας ἐπαγγελίαν γενομένην, ὅτι ταύτην
ὁ θεὸς ἐκπεπλήρωκε τοῖς τέκνοις αὐτῶν ἡμῖν, ἀναστήσας τὸν κύριον ἡμῶν
33 Ἰησοῦν, ὡς καὶ ἐν τῷ ψαλμῷ τῷ δευτέρῳ γέγραπται, Υἱός μου εἶ σύ, ἐγὼ
34 σήμερον γεγέννηκά σε. ὅτε δὲ ἀνέστησεν αὐτὸν ἐκ νεκρῶν, μηκέτι
μέλλοντα ὑποστρέφειν εἰς διαφθοράν, οὕτως εἴρηκεν ὅτι Δώσω ὑμῖν τὰ
35 ὅσια Δαβὶδ τὰ πιστά. διὸ καὶ ἐν ἑτέρῳ λέγει, Οὐ δώσεις τὸν ὅσιόν σου
36 ἰδεῖν διαφθοράν. Δαβὶδ μὲν γὰρ ἰδίᾳ γενεᾷ ὑπηρετήσας τῇ τοῦ θεοῦ βουλῇ
37 ἐκοιμήθη καὶ προσετέθη πρὸς τοὺς πατέρας αὐτοῦ καὶ εἶδε διαφθοράν· ὃν
38 δὲ ὁ θεὸς ἤγειρεν οὐκ εἶδε διαφθοράν. γνωστὸν οὖν ἔστω ὑμῖν, ἄνδρες
39 ἀδελφοί, ὅτι διὰ τούτου ὑμῖν ἄφεσις ἁμαρτιῶν καταγγέλλεται· καὶ ἀπὸ
πάντων ὧν οὐκ ἠδυνήθητε ἐν τῷ νόμῳ Μωσέως δικαιωθῆναι ἐν τούτῳ οὖν
40 πᾶς ὁ πιστεύων δικαιοῦται παρὰ τῷ θεῷ. βλέπετε οὖν μὴ ἐπέλθῃ τὸ
41 εἰρημένον ἐν τοῖς προφήταις εἰς ὑμᾶς· Ἴδετε, οἱ καταφρονηταί, καὶ ἐπιβλέψατε
καὶ θαυμάσατε καὶ ἀφανίσθητε, ὅτι ἔργον ἐγὼ ἐργάζομαι ἐν ταῖς ἡμέραις
ὑμῶν, ᾧ οὐ μὴ πιστεύσητε ἐάν τις ἐκδιηγῆται ὑμῖν. καὶ ἐσίγησεν.
42 Ἐξιόντων δὲ αὐτῶν παρεκάλουν εἰς τὸ μεταξὺ σάββατον λαληθῆναι
43 αὐτοῖς τὰ ῥήματα ταῦτα. λυθείσης δὲ τῆς συναγωγῆς ἠκολούθησαν πολλοὶ
τῶν Ἰουδαίων καὶ τῶν σεβομένων προσηλύτων τῷ Παύλῳ καὶ τῷ Βαρνάβᾳ

41 πιστευσηται cod

25 μετ εμε ερχεται 216 26 ημιν] υμιν 58 ς 27 Ιερ.] pr εν 216 ς 58 216
28 om εν αυτω 58 216 ς 29 απαντα ς 31 om αχρι νυν 58 ς ς
32 om τον κυριον ημων 58 216 ς 33 εν τω δευτερω ψαλμω 58 34 οτε]
οτι 58 216 ς 37 om hunc uersum 58* 38 υμιν 1°]+πασιν 58
om ανδρες 58 216 υμιν 2°] ημιν 216 39 om ουν 58 216 ς om
παρα τω θεω 216 ς 40 ουν] δε 58 επελθη] εισελθη 58, +εφ υμας 58 ς
om εις υμας 58 ς 41 om και επιβλεψατε ς θαυμαζετε 216 ω] pr
εργον ς om και εσιγησεν 58 216 ς 42 αυτων] εκ της συναγωγης
των Ιουδαιων 58 216 ς παρεκαλουν]+τα εθνη 58 ς

ἀξιοῦντες βαπτισθῆναι· οἵτινες προσλαλοῦντες ἔπειθον αὐτοὺς προσμένειν τῇ
χάριτι τοῦ θεοῦ.

Τῷ δὲ ἐρχομένῳ σαββάτῳ σχεδὸν πᾶσα ἡ πόλις συνήχθη ἀκοῦσαι 44
τὸν λόγον τοῦ θεοῦ. ἰδόντες δὲ οἱ Ἰουδαῖοι τοὺς ὄχλους ἐπλήσθησαν 45
ζήλου, καὶ ἀντέλεγον τοῖς ὑπὸ Παύλου λεγομένοις, ἀντιλέγοντες καὶ
βλασφημοῦντες. παρρησιασάμενοι δὲ ὁ Παῦλος καὶ ὁ Βαρνάβας εἶπον, 46
Ὑμῖν ἦν ἀναγκαῖον πρῶτον λαληθῆναι τὸν λόγον τοῦ θεοῦ· ἐπειδὴ δὲ
ἀπωθεῖσθε αὐτὸν, καὶ οὐκ ἀξίους κρίνετε ἑαυτοὺς τῆς αἰωνίου ζωῆς,
ἰδοὺ στρεφόμεθα εἰς τὰ ἔθνη. οὕτως γὰρ ἡμῖν ἐντέταλται ὁ κύριος, 47
Τέθεικά σε εἰς φῶς ἐθνῶν, τοῦ εἶναί σε εἰς σωτηρίαν ἐν τοῖς ἔθνεσιν ἕως
ἐσχάτου τῆς γῆς. ἀκούοντα δὲ τὰ ἔθνη ἔχαιρον, καὶ ἐδόξαζον τὸν 48
θεὸν καὶ ἐπίστευσαν τῷ λόγῳ τοῦ κυρίου ὅσοι ἦσαν τεταγμένοι εἰς ζωὴν
αἰώνιον. διεφέρετο δὲ ὁ λόγος τοῦ κυρίου δι᾽ ὅλης τῆς χώρας. οἱ δὲ 49
                                                                                      50
Ἰουδαῖοι παρώτρυναν τὰς σεβομένας γυναῖκας καὶ τὰς εὐσχήμονας καὶ
τοὺς πρώτους τῆς πόλεως, καὶ ἐπήγειραν διωγμὸν ἐπὶ τὸν Παῦλον καὶ
Βαρνάβαν, καὶ ἐξέβαλον αὐτοὺς ἀπὸ τῶν ὁρίων αὐτῶν. οἱ δὲ ἐκτιναξάμενοι 51
τὸν κονιορτὸν ἀπὸ τῶν ποδῶν αὐτῶν ἐπ᾽ αὐτοὺς ἦλθον εἰς τὸ Ἰκόνιον. οἱ 52
δὲ μαθηταὶ ἐπληροῦντο χαρᾶς καὶ πνεύματος ἁγίου.

XIV. Ἐγένετο δὲ ἐν Ἰκονίῳ κατὰ τὸ αὐτὸ εἰσελθεῖν αὐτοὺς εἰς τὴν
συναγωγὴν τῶν Ἰουδαίων καὶ λαλῆσαι οὕτως ὥστε πιστεῦσαι Ἰουδαίων τε
καὶ Ἑλλήνων πολὺ πλῆθος. οἱ δὲ ἀπειθοῦντες Ἰουδαῖοι ἐπήγειραν διωγμὸν 2
καὶ ἐκάκωσαν τὰς ψυχὰς τῶν ἐθνῶν κατὰ τῶν ἀδελφῶν. ἱκανὸν μὲν οὖν 3
χρόνον διέτριψαν παρρησιαζόμενοι ἐπὶ τῷ κυρίῳ τῷ μαρτυροῦντι τῷ λόγῳ
τῆς χάριτος αὐτοῦ, διδόντι σημεῖα καὶ τέρατα γίνεσθαι διὰ τῶν χειρῶν
αὐτῶν. ἐσχίσθη δὲ τὸ πλῆθος τῆς πόλεως· καὶ οἱ μὲν ἦσαν σὺν τοῖς 4
Ἰουδαίοις, οἱ δὲ σὺν τοῖς ἀποστόλοις. ὡς δὲ ἐγένετο ὁρμὴ τῶν ἐθνῶν τε 5
καὶ Ἰουδαίων σὺν τοῖς ἄρχουσιν αὐτῶν ὑβρίσαι καὶ λιθοβολῆσαι αὐτούς,
συνιδόντες κατέφυγον εἰς τὰς πόλεις τῆς Λυκαονίας, Λύστραν καὶ Δέρβην, 6
καὶ τὴν περίχωρον, κἀκεῖ εὐαγγελιζόμενοι ἦσαν.                              7

Καί τις ἀνὴρ ἐν Λύστροις ἐκάθητο ἀδύνατος ποσὶ, χωλὸς ἔτι ἐκ κοιλίας 8

43 προσκαλουντες cod          47 τεθηκα cod (et 58)

58 216    43 om αξιουντες βαπτισθηναι 216 ſ          προσλαλουντες] + αυτοις ſ
ſ    επιμενειν ſ          44 δε] τε 216          συνηχθησαν 58          45 Παυλου] pr του ſ
46 om ο 2° 216          om δε 2° 58*          47 εντεταλται ημιν ſ          om εν τοις
εθνεσιν 58 216 ſ          48 θεον] λογον του κυριου ſ          om τω λ. του κ. ſ
50 Βαρναβαν] pr τον 58 ſ          51 om απο 58 ſ          om το 58 216 ſ

    2 om διωγμον ſ          3 διδοντι] pr και ſ          5 om τε 58 216
7 ησαν ευαγγελιζομενοι ſ          8 ποσι] pr τοις 58          om αδυνατος
ποσι 216          αδυνατος τοις ποσιν εκαθητο ſ          om ετι ſ

9 μητρὸς αὐτοῦ, ὃς οὐδέποτε πεπατήκει. οὗτος ἤκουσε τοῦ Παύλου λαλοῦντος·
10 ὃς ἀτενίσας αὐτῷ καὶ ἰδὼν ὅτι πίστιν ἔχει τοῦ σωθῆναι εἶπε μεγάλῃ τῇ
φωνῇ, Σοὶ λέγω ἐν τῷ ὀνόματι κυρίου Ἰησοῦ Χριστοῦ ἀνάστηθι ἐπὶ τοὺς
11 πόδας σου ὀρθός· καὶ ἥλλετο καὶ περιεπάτει. οἱ δὲ ὄχλοι ἰδόντες ὃ ἐποίησε
Παῦλος ἐπῆραν τὴν φωνὴν αὐτῶν Λυκαονιστὶ λέγοντες, Οἱ θεοὶ ὁμοιω-
12 θέντες ἀνθρώποις κατέβησαν πρὸς ἡμᾶς· ἐκάλουν τε τὸν Βαρνάβαν Δία, τὸν
13 δὲ Παῦλον Ἑρμῆν ἐπειδὴ αὐτὸς ὁ ἡγούμενος τοῦ λόγου. ὁ δὲ ἱερεὺς τοῦ
ὄντος Διὸς πρὸ τῆς πόλεως αὐτῶν, ταύρους καὶ στέμματα αὐτοῖς ἐπὶ τοὺς
14 πυλῶνας ἐνέγκας, σὺν τοῖς ὄχλοις ἤθελε θύειν. ἀκούσαντες δὲ οἱ ἀπόστολοι
Βαρνάβας καὶ Παῦλος, διαρρήξαντες τὰ ἱμάτια αὐτῶν ἐξεπήδησαν εἰς τὸν
15 ὄχλον, κράζοντες καὶ λέγοντες, Ἄνδρες, τί ταῦτα ποιεῖτε; καὶ ἡμεῖς
ὁμοιοπαθεῖς ὑμῖν ἐσμὲν ἄνθρωποι, εὐαγγελιζόμενοι ὑμᾶς ἀπὸ τῶν ματαίων
τούτων ἐπιστρέφειν ἐπὶ τὸν θεὸν τὸν ζῶντα, ὃς ἐποίησε τὸν οὐρανὸν καὶ
16 τὴν γῆν καὶ τὴν θάλασσαν καὶ πάντα τὰ ἐν αὐτοῖς· ὃς ἐν ταῖς παρῳ-
17 χημέναις γενεαῖς εἴασε πάντα τὰ ἔθνη πορεύεσθαι ταῖς ὁδοῖς αὐτῶν· καί-
τοι γε οὐκ ἀμάρτυρον ἑαυτὸν ἀφῆκεν ἀγαθοποιῶν, οὐρανόθεν ἡμῖν ὑετοὺς
διδοὺς καὶ καιροὺς καρποφόρους, ἐμπιπλῶν τροφῆς καὶ εὐφροσύνης τὰς
18 καρδίας ὑμῶν. καὶ ταῦτα εἰπόντες μόλις κατέπαυσαν τοὺς ὄχλους τοῦ μὴ
θύειν αὐτοῖς, ἀλλὰ πορεύεσθαι ἕκαστον εἰς τὰ ἴδια.
19 Ἐπῆλθον δὲ ἀπὸ Ἀντιοχείας καὶ Ἰκονίου Ἰουδαῖοι, καὶ πείσαντες
τοὺς ὄχλους καὶ λιθάσαντες τὸν Παῦλον ἔσυραν ἔξω τῆς πόλεως,
20 νομίσαντες αὐτὸν τεθνάναι. κυκλωσάντων δὲ τῶν μαθητῶν αὐτὸν ἀναστὰς
εἰσῆλθεν ἐν τῇ πόλει· καὶ τῇ ἐπαύριον ἐξῆλθε σὺν τῷ Βαρνάβᾳ εἰς
21 Δέρβην. εὐαγγελισάμενοί τε τὴν πόλιν ἐκείνην, καὶ μαθητεύσαντες
ἱκανούς, ὑπέστρεψαν εἰς τὴν Λύστραν καὶ Ἰκόνιον καὶ Ἀντιόχειαν·
22 ἐπιστηρίζοντες τὰς ψυχὰς τῶν μαθητῶν, καὶ παρακαλοῦντες ἐμμένειν τῇ
πίστει καὶ ὅτι διὰ πολλῶν θλίψεων δεῖ ἡμᾶς εἰσελθεῖν εἰς τὴν βασιλείαν
23 τοῦ θεοῦ. χειροτονήσαντες δὲ αὐτοῖς πρεσβυτέρους κατ᾽ ἐκκλησίαν, καὶ
προσευξάμενοι μετὰ νηστειῶν, παρέθεντο αὐτοὺς τῷ κυρίῳ εἰς ὃν καὶ

23 παρεθετο cod

8 αυτου]+υπαρχων ⸓   περιπεπατηκει 58 216 ⸓   9 ουτος] και αυτος 216   58 216 ⸓
ηκουε ⸓   λαλουντος (et. 58ᶜᵒʳʳ)] λεγοντος 58*   10 κυριου] pr του 58
om σοι λεγω......Χριστου 216 ⸓   ορθως 58   ηλατο 58, ηλλατο 216
11 Παυλος] pr ο 58 ⸓   αυτων την φωνην 58   12 εκαλουν τε] om τε 58*, και
εκαλουν 58ᶜᵒʳʳ   τον 1°]+μεν 58 216 ⸓   αυτος]+ην 58 216 ⸓   om ο 216
13 δε] τε 216   του Διος του οντος 58 ⸓   om αυτοις 58 ⸓   14 εισε-
πηδησαν 58 ⸓   15 εσμεν υμιν ⸓   om υμιν 216   τουτων των ματαιων 58 ⸓
17 αυτον 216   ημιν] υμιν 216   διδους υετους 58   υμων] ημων 58 ⸓
18 λεγοντες 58 ⸓   αυτους] αυτοις 58 216 ⸓   om αλλα......τα ιδια 216 ⸓
19 δε]+και 58   εσυρον 58* 216 ⸓   20 αυτον] αυτου 58*   αυτον των μαθητων
58ᶜᵒʳʳ ⸓   εις την πολιν ⸓   22 om και 1° ⸓   23 om και 1° ⸓   om και 2° ⸓

πεπιστεύκασιν.  καὶ διελθόντες τὴν Πισιδίαν ἦλθον εἰς Παμφυλίαν· 24
καὶ λαλήσαντες ἐν Πέργῃ τὸν λόγον τοῦ κυρίου κατέβησαν εἰς Ἀττάλειαν 25
εὐαγγελιζόμενοι αὐτούς· κἀκεῖθεν ἀπέπλευσαν εἰς Ἀντιόχειαν, ὅθεν ἦσαν 26
παραδεδομένοι τῇ χάριτι τοῦ θεοῦ εἰς τὸ ἔργον ὃ ἐπλήρωσαν.  παραγενό- 27
μενοι δὲ καὶ συναγαγόντες τὴν ἐκκλησίαν ἀνήγγειλαν ὅσα ὁ θεὸς ἐποίησε
μετ᾽ αὐτῶν, καὶ ὅτι ἤνοιξε τοῖς ἔθνεσι θύραν πίστεως.  διέτριβον δὲ ἐκεῖ 28
χρόνον οὐκ ὀλίγον σὺν τοῖς μαθηταῖς.

XV.  Καί τινες κατελθόντες ἀπὸ τῆς Ἰουδαίας τῶν πεπιστευκότων ἀπὸ
τῆς αἱρέσεως τῶν Φαρισαίων ἐδίδασκον τοὺς ἀδελφοὺς ὅτι Ἐὰν μὴ περι-
τέμνησθε τῷ ἔθει Μωσέως, οὐ δύνασθε σωθῆναι.  γενομένης οὖν στάσεως 2
καὶ ζητήσεως οὐκ ὀλίγης τῷ Παύλῳ καὶ τῷ Βαρνάβᾳ πρὸς αὐτούς, ἔταξαν
ἀναβαίνειν Παῦλον καὶ Βαρνάβαν καί τινας ἄλλους ἐξ αὐτῶν πρὸς τοὺς
ἀποστόλους καὶ πρεσβυτέρους εἰς Ἱερουσαλὴμ περὶ τοῦ ζητήματος τούτου,
ὅπως κριθῶσιν ἐπ᾽ αὐτῶν.  οἱ μὲν οὖν προπεμφθέντες ὑπὸ τῆς ἐκκλησίας 3
διήρχοντο τὴν Φοινίκην καὶ Σαμάρειαν, ἐκδιηγούμενοι τὴν ἐπιστροφὴν τῶν
ἐθνῶν· καὶ ἐποίουν χαρὰν μεγάλην πᾶσι τοῖς ἀδελφοῖς.  παραγενόμενοι 4
δὲ εἰς Ἱεροσόλυμα ἀπεδέχθησαν μεγάλως ὑπὸ τῆς ἐκκλησίας καὶ τῶν
ἀποστόλων καὶ τῶν πρεσβυτέρων, ἀνήγγειλαν δὲ ὅσα ἐποίησεν ὁ θεὸς μετ᾽
αὐτῶν καὶ ὅτι ἤνοιξε τοῖς ἔθνεσι θύραν πίστεως.  ἐξανέστησαν δέ τινες τῶν 5
ἀπὸ τῆς αἱρέσεως τῶν Φαρισαίων πεπιστευκότες, λέγοντες ὅτι δεῖ περιτέμνειν
αὐτοὺς παραγγέλλειν τε τηρεῖν τὸν νόμον Μωσέως.

Συνήχθησαν δὲ οἱ ἀπόστολοι καὶ οἱ πρεσβύτεροι σὺν τῷ πλήθει ἰδεῖν 6
περὶ τοῦ ζητήματος τούτου.  πολλῆς δὲ συζητήσεως γενομένης ἀναστὰς 7
Πέτρος ἐν πνεύματι ἁγίῳ εἶπε πρὸς αὐτούς, Ἄνδρες ἀδελφοί, ὑμεῖς ἐπίστασθε
ὅτι ἀφ᾽ ἡμερῶν ἀρχαίων ἡμῖν ὁ θεὸς ἐξελέξατο διὰ τοῦ στόματός μου
ἀκοῦσαι τὰ ἔθνη τὸν λόγον τοῦ εὐαγγελίου καὶ πιστεῦσαι.  καὶ ὁ καρδιο- 8
γνώστης θεὸς ἐμαρτύρησεν αὐτοῖς, δοὺς αὐτοῖς τὸ πνεῦμα τὸ ἅγιον καθὼς
καὶ ἡμῖν· καὶ οὐδὲν διέκρινε μεταξὺ ἡμῶν τε καὶ αὐτῶν, τῇ πίστει καθαρίσας 9
τὰς καρδίας αὐτῶν.  νῦν οὖν τί πειράζετε τὸν θεόν, ἐπιθεῖναι ζυγὸν ἐπὶ τὸν 10

7 αρχεων cod        10 επιθηναι cod (et 216)

58 216   23 πεπιστευκεισαν ς    25 om του κυριου 216 ς    αυτους] αυτοις 58
ς   om ευαγγελιζομενοι αυτους 216 ς   27 εποιησεν ο θεος 58 ς   28 διετριψαν 216
1 om των πεπιστ.......Φαρισαιων 216 ς   Μωυσεως 58* ς   2 συζη-
τησεως ς   om εις 216   αυτων 2°] αυτοις 58   om οπως κριθωσιν επ
αυτων 216 ς   3 πεμφθεντες 58   Σαμαρειαν] pr την 58   4 Ιερουσαλημ
216 ς   om μεγαλως 216 ς   δε 2°] τε 58 216 ς   ο θεος εποιησε 216 ς
om και οτι......πιστεως 216 ς   5 Μωυσεως 58 ς   6 om συν τω
πληθει 216 ς   ζητηματος] λογου 58 ς   7 ζητησεως 216   om εν
πν. αγιω 58 216 ς   ημιν] pr εν 58 216   ο θεος εν ημιν ς   9 ουθεν 58

τράχηλον τῶν μαθητῶν, ὃν οὔτε ἡμεῖς οὔτε οἱ πατέρες ἡμῶν ἰσχύσαμεν
11 βαστάσαι; ἀλλ᾽ ἢ διὰ τῆς χάριτος τοῦ κυρίου Ἰησοῦ πιστεύομεν σωθῆναι
12 καθ᾽ ὃν τρόπον κἀκεῖνοι. ἐσίγησε δὲ πᾶν τὸ πλῆθος, καὶ ἤκουον Βαρνάβα
καὶ Παύλου ἐξηγουμένων ὅσα ἐποίησεν ὁ θεὸς σημεῖα καὶ τέρατα ἐν τοῖς
13 ἔθνεσι δι᾽ αὐτῶν. μετὰ δὲ τὸ σιγῆσαι αὐτοὺς ἀπεκρίθη Ἰάκωβος λέγων,
14 Ἄνδρες ἀδελφοὶ, ἀκούσατέ μου. Συμεὼν ἐξηγήσατο καθὼς πρῶτος ὁ
15 θεὸς ἐξελέξατο λαβεῖν ἐξ ἐθνῶν λαὸν τῷ ὀνόματι αὐτοῦ· καὶ τοῦτο συμ-
16 φωνοῦσιν οἱ λόγοι τῶν προφητῶν, καθὼς γέγραπται, Μετὰ ταῦτα
ἀναστρέψω καὶ ἀνοικοδομήσω τὴν σκηνὴν Δαβὶδ τὴν πεπτωκυῖαν, καὶ
17 τὰ κατεσκαμμένα αὐτῆς ἀνοικοδομήσω, καὶ ἀνορθώσω αὐτήν· ὅπως ἂν
ἐκζητῶσιν οἱ κατάλοιποι τῶν ἀνθρώπων τὸν κύριον, καὶ πάντα τὰ ἔθνη
ἐφ᾽ οὓς ἐπικέκληται τὸ ὄνομά μου ἐπ᾽ αὐτοὺς, λέγει Κύριος ὁ ποιῶν ταῦτα
18
19 πάντα. γνωστὰ ἀπ᾽ αἰῶνός ἐστι τῷ θεῷ πάντα τὰ ἔργα αὐτοῦ. διὸ ἐγὼ
κρίνω μὴ παρενοχλεῖν τοῖς ἀπὸ τῶν ἐθνῶν ἐπιστρέφουσι πρὸς τὸν θεόν·
20 ἀλλ᾽ ἐπιστεῖλαι αὐτοῖς τοῦ ἀπέχεσθαι ἀπὸ τῶν ἀλιγισμάτων τῶν εἰδώλων
21 καὶ τῆς πορνείας καὶ τοῦ πνικτοῦ καὶ τοῦ αἵματος. Μωσῆς γὰρ ἐκ γενεῶν
ἀρχαίων κατὰ πόλιν τοὺς κηρύσσοντας αὐτὸν ἔχει ἐν ταῖς συναγωγαῖς κατὰ
πᾶν σάββατον ἀναγινωσκόμενος.

22 Τότε ἔδοξε τοῖς ἀποστόλοις καὶ τοῖς πρεσβυτέροις σὺν ὅλῃ τῇ ἐκκλησίᾳ
ἐκλεξαμένοις ἄνδρας ἐξ αὐτῶν πέμψαι εἰς Ἀντιόχειαν σὺν τῷ Παύλῳ καὶ τῷ
Βαρνάβᾳ, Ἰούδαν τὸν ἐπικαλούμενον Βαρσαβᾶν καὶ Σίλαν, ἄνδρας ἡγου-
23 μένους ἐν τοῖς ἀδελφοῖς, γράψαντες διὰ χειρὸς αὐτῶν ἐπιστολὴν καὶ
πέμψαντες περιέχουσαν τάδε, Οἱ ἀπόστολοι καὶ οἱ πρεσβύτεροι καὶ οἱ
ἀδελφοὶ τοῖς κατὰ Ἀντιόχειαν καὶ Συρίαν καὶ Κιλικίαν ἀδελφοῖς τοῖς ἐξ
24 ἐθνῶν χαίρειν. ἐπειδὴ ἠκούσαμεν ὅτι τινὲς ἐξ ἡμῶν ἐξελθόντες ἐτάραξαν
ὑμᾶς λόγοις, ἀνασκευάζοντες τὰς ψυχὰς ὑμῶν, λέγοντες περιτέμνεσθαι καὶ
25 τηρεῖν τὸν νόμον, οἷς οὐ διεστειλάμεθα, ἔδοξεν ἡμῖν γενομένοις ὁμοθυμαδὸν
ἐκλεξαμένοις ἄνδρας πέμψαι πρὸς ὑμᾶς σὺν τοῖς ἀγαπητοῖς ἡμῶν Βαρνάβᾳ
26 τε καὶ Παύλῳ, ἀνθρώποις παραδεδωκόσι τὰς ψυχὰς αὐτῶν ὑπὲρ τοῦ

---

16 ανωρθωσω cod    20 ειδολων cod    24 om ου cod    25 Παυλου cod

---

10 ουτε οι πατερες ημων ουτε ημεις 58 ς    11 αλλ η] αλλα ς    om 58 216
του 216 ς    Ιησου]+Χριστου ς    12 εσιγησαν 216    14 πρωτων
58 216 ς    εξελεξατο] επεσκεψατο 58 ς    τω] pr επι 216 ς
15 τουτω 58 216 ς    16 ανοικοδομησω]+καθως αι ημεραι του αιωνος 58
17 εκζητησωσιν 58 216 ς    18 γνωστα]+γαρ 216    19 προς] επι ς
20 αλισγηματων 58 216 ς    21 Μωυσης 58 216    22 εκλεξαμενοις (et 58ᶜᵒʳʳ)]
εκλεξαμενους 58* 216 ς    om τω 2° ς    εν] συν 216*    23 om επιστ. και
πεμψ. περιεχουσαν 216 ς    Αντ.] pr την 58 216 ς    24 ημων] υμων 58
25 εκλεξαμενοις (et 58ᶜᵒʳʳ)] εκλεξαμενους 58* ς    om τε 216 ς

ὀνόματος τοῦ κυρίου ἡμῶν Ἰησοῦ Χριστοῦ εἰς πάντα πειρασμόν.  ἀπεστάλ- 27
καμεν οὖν Ἰούδαν καὶ Σίλαν, καὶ αὐτοὺς διὰ λόγου καταγγέλλοντας ταῦτα.
ἔδοξε γὰρ τῷ ἁγίῳ πνεύματι καὶ ἡμῖν μηδὲν πλέον ἐπιτίθεσθαι ὑμῖν βάρος 28
πλὴν τούτων τῶν ἐπάναγκες, ἀπέχεσθαι εἰδωλοθύτων καὶ αἵματος καὶ πνικτῶν 29
καὶ πορνείας·  καὶ ὅσα μὴ θέλετε αὐτοῖς γένεσθαι ἑτέρῳ μὴ ποιεῖτε·  ἐξ ὧν
διατηροῦντες ἑαυτοὺς, εὖ πράξετε.  ἔρρωσθε.
Οἱ μὲν οὖν ἀπολυθέντες ἦλθον εἰς Ἀντιόχειαν·  καὶ συναγαγόντες τὸ 30
πλῆθος ἐπέδωκαν τὴν ἐπιστολήν.  ἀναγνόντες δὲ ἐχάρησαν ἐν παρακλήσει. 31
Ἰούδας τε καὶ Σίλας, καὶ αὐτοὶ προφῆται ὄντες, διὰ λόγου πολλοῦ 32
παρεκάλεσαν τοὺς ἀδελφοὺς καὶ ἐπεστήριξαν.  ποιήσαντες δὲ χρόνον 33
ἀπελύθησαν μετ᾽ εἰρήνης ἀπὸ τῶν ἀδελφῶν πρὸς τοὺς ἀποστόλους.  ἔδοξε 34
δὲ τῷ Σίλᾳ ἐπιμεῖναι αὐτοῦ.  Παῦλος δὲ καὶ Βαρνάβας διέτριβον ἐν 35
Ἀντιοχείᾳ, διδάσκοντες καὶ εὐαγγελιζόμενοι μετὰ καὶ ἑτέρων πολλῶν τὸν
λόγον τοῦ κυρίου.
Μετὰ δέ τινας ἡμέρας εἶπε Παῦλος πρὸς Βαρνάβαν, Ἐπιστρέψαντες δὴ 36
ἐπισκεψώμεθα τοὺς ἀδελφοὺς τοὺς κατὰ πᾶσαν πόλιν ἐν αἷς κατηγγείλαμεν
τὸν λόγον τοῦ κυρίου, πῶς ἔχουσι.  Βαρνάβας δὲ ἠβούλετο λαβεῖν καὶ τὸν 37
Ἰωάννην τὸν ἐπικαλούμενον Μάρκον·  Παῦλος δὲ ἠξίου, τὸν ἀποστάντα ἀπ᾽ 38
αὐτῶν ἀπὸ Παμφυλίας καὶ μὴ συνελθόντα αὐτοῖς εἰς τὸ ἔργον, μὴ
συμπαραλαμβάνειν τοῦτον.  ἐγένετο οὖν παροξυσμὸς ὥστε ἀποχωρῆσαι 39
αὐτοὺς ἀπ᾽ ἀλλήλων, τόν τε Βαρνάβαν παραλαβόντα τὸν Μάρκον ἐκπλεῦσαι
εἰς Κύπρον.  Παῦλος δὲ ἐπιλεξάμενος Σίλαν ἐξῆλθε, παραδοθεὶς τῇ 40
χάριτι τοῦ θεοῦ ὑπὸ τῶν ἀδελφῶν·  διήρχετο δὲ τὴν Συρίαν καὶ Κιλικίαν, 41
ἐπιστηρίζων τὰς ἐκκλησίας.        XVI.  Κατήντησε δὲ καὶ εἰς Δέρβην
καὶ εἰς Λύστραν·  καὶ ἰδοὺ μαθητής τις ἦν ἐκεῖ ὀνόματι Τιμόθεος, υἱὸς
γυναικὸς Ἰουδαίας πιστῆς πατρὸς δὲ Ἕλληνος, ὃς ἐμαρτυρεῖτο ὑπὸ τῶν 2
ἐν Λύστροις καὶ Ἰκονίῳ ἀδελφῶν.  τοῦτον ἠθέλησεν ὁ Παῦλος σὺν αὐτῷ 3

29 γενεσθε cod    ερρωθε cod    30 απεδωκαν 137*, sed ipse a in ε
mutauit

58 216    26 om εις παντα πειρασμον 216 ϛ    27 απαγγελλοντας 216 ϛ,
ϛ        απαγγελοντας 58    τα αυτα 58 216 ϛ    28 υμιν] ημιν 58    om τουτων 216
των επαναγκες τουτων 58 ϛ    29 πνικτου 216 ϛ    om και οσα......
ποιειτε 58 216 ϛ    31 επι τη παρακλησει 58 216 ϛ    34 om εδοξε
δε......αυτου 216    35 εν Αντιοχεια] εις Αντιοχειαν 58    36 om δη 216 (?)
επισκεψομεθα 216    τους 2°] ημων ϛ    37 εβουλετο 216, εβουλευσατο
58 ϛ    συμπαραλαβειν 58 ϛ    om και 58 ϛ    om τον 1° 58 216
καλουμενον ϛ    38 συμπαραλαβειν 58 ϛ    39 αποχωρησαι] χωρισαι 216,
αποχωρισθηναι 58 ϛ
1 om και 1° 58 216 ϛ    om εις 2° 58 ϛ    γυναικος]+τινος 216 ϛ
2 Λυστραις 58

ἐξελθεῖν, καὶ ἔλαβε καὶ περιέτεμεν αὐτὸν διὰ τοὺς Ἰουδαίους τοὺς ὄντας ἐν
τοῖς τόποις ἐκείνοις· ᾔδεισαν γὰρ τὸν πατέρα αὐτοῦ ἅπαντες ὅτι Ἕλλην
4 ὑπῆρχεν. ὡς δὲ διεπορεύοντο τὰς πόλεις, παρεδίδουν αὐτοῖς φυλάσσειν
τὰ δόγματα τὰ κεκριμένα ὑπὸ τῶν ἀποστόλων καὶ τῶν πρεσβυτέρων τῶν ἐν
5 Ἰερουσαλήμ. αἱ μὲν οὖν ἐκκλησίαι ἐστερεοῦντο τῇ πίστει, καὶ περιέσσευον
τῷ ἀριθμῷ καθ᾽ ἡμέραν.

6 Διῆλθον δὲ τὴν Φρυγίαν καὶ τὴν Γαλατικὴν χώραν, κωλυθέντες ὑπὸ
7 τοῦ ἁγίου πνεύματος λαλῆσαι τὸν λόγον ἐν τῇ Ἀσίᾳ, ἐλθόντες δὲ
κατὰ τὴν Μυσίαν [ἐπείραζον κατὰ τὴν Βιθυνίαν πορεύεσθαι, καὶ οὐκ εἴασεν
8 αὐτοὺς τὸ πνεῦμα. παρελθόντες δὲ τὴν Μυσίαν] κατέβησαν εἰς Τρωάδα.
9 καὶ ὅραμα διὰ τῆς νυκτὸς ἐφάνη τῷ Παύλῳ· ἀνήρ τις ἦν Μακεδὼν ἑστὼς
κατὰ πρόσωπον αὐτοῦ καὶ παρακαλῶν αὐτὸν καὶ λέγων, Διαβὰς εἰς
10 Μακεδονίαν βοήθησον ἡμῖν. ὡς δὲ τὸ ὅραμα εἶδεν, εὐθέως ἐζητήσαμεν
εἰς Μακεδονίαν ἐξελθεῖν, συμβιβάζοντες ὅτι προσκέκληται ἡμᾶς ὁ κύριος
11 εὐαγγελίσασθαι αὐτούς. τῇ δὲ ἐπαύριον ἀναχθέντες ἀπὸ Τρωάδος εὐθυδρο-
12 μήσαμεν εἰς Σαμοθράκην, τῇ δὲ ἐπιούσῃ εἰς Νεάπολιν, ἐκεῖθεν δὲ εἰς
Φιλίππους, ἥτις ἐστὶ πρώτη τῆς Μακεδονίας πόλις κολωνεία.
13 Ἦμεν δὲ ἐν αὐτῇ τῇ πόλει διατρίβοντες ἡμέρας τινάς, τῇ δὲ ἡμέρᾳ τῶν
σαββάτων ἐξήλθομεν ἔξω τῆς πόλεως παρὰ ποταμόν, οὗ ἐνομίζετο
προσευχὴ εἶναι, καὶ καθίσαντες ἐλαλοῦμεν ταῖς συνελθούσαις γυναιξί.
14 καί τις γυνὴ ὀνόματι Λυδία, πορφυρόπωλις πόλεως Θυατείρων σεβομένη
τὸν θεόν, ἤκουσεν· ἧς ὁ κύριος ἤνοιξε τὴν καρδίαν προσέχειν τοῖς λαλου-
15 μένοις ὑπὸ τοῦ Παύλου. ὡς δὲ ἐβαπτίσθη καὶ ὁ οἶκος αὐτῆς, παρεκάλεσε
λέγουσα, Εἰ κεκρίκατέ με πιστὴν τῷ κυρίῳ εἶναι, εἰσελθόντες εἰς τὸν οἶκόν
16 μου μείνατε· καὶ παρεβιάσατο ἡμᾶς. ἐγένετο δὲ πορευομένων ἡμῶν εἰς
προσευχὴν παιδίσκην τινὰ ἔχουσαν πνεῦμα Πύθωνος ἀπαντῆσαι ἡμῖν,
17 ἥτις ἐργασίαν πολλὴν παρεῖχε τοῖς κυρίοις αὐτῆς μαντευομένη. αὕτη
κατακολουθήσασα τῷ Παύλῳ καὶ ἡμῖν ἔκραζε λέγουσα, Οὗτοι οἱ ἄνθρωποι
δοῦλοι τοῦ θεοῦ τοῦ ὑψίστου εἰσίν, οἵτινες καταγγέλλουσιν ἡμῖν ὁδὸν σωτηρίας.

7 om επειραζον κατα την Β........την Μυσιαν cod ex homoeotel.

3 ελαβε και] λαβων 𝔖    απαντες τον πατερα αυτου 𝔖    4 κεκρυμμενα 216 58 216
om των 2⁰ 58    5 επερισσευον 58 216 𝔖    .6 διηλθον] διελθοντες 58 𝔖
κωλυθεντες] pr και 58    7 om δε 58 216 𝔖    κατα 2⁰] εις 216    εις την
Β. γενεσθαι 58    9 om δια 58*    εφανη] ωφθη 58 𝔖    om κατα
προσωπον αυτου και 216 𝔖    10 Μακ.] pr την 216    εξελθ. εις την Μακ. 𝔖
προσκεκληκεν 58    11 τη δε επ. αναχθ.] αναχθεντες ουν 216 𝔖    om απο 58
Τρωαδος] pr της 58 𝔖    δε 2⁰] τε 58 𝔖    12 δε 1⁰] τε 𝔖    πρωτη]+της
μεριδος 58 𝔖    κολωνια 58 𝔖    αυτη τη] ταυτη τη 𝔖, τη αυτη ταυτη 58* (sed
ταυτη deletum est)    13 τη δε] τη τε 𝔖    14 ηκουεν 𝔖    διηνοιξε 58 𝔖
15 ειναι τω κυριω 216    ημας]+μειναι εν τω οικω αυτης 58ᶜᵒʳʳ    17 εκραξε 216
καταγγελουσιν 58

R.                                                                    3

τοῦτο δὲ ἐποίει ἐπὶ πολλὰς ἡμέρας. διαπονηθεὶς δὲ ὁ Παῦλος καὶ 18
ἐπιστρέψας τῷ πνεύματι εἶπε, Παραγγέλλω σοι ἐν ὀνόματι Ἰησοῦ Χριστοῦ
ἐξελθεῖν ἀπ' αὐτῆς. καὶ ἐξῆλθεν αὐτῇ τῇ ὥρᾳ. ἰδόντες δὲ οἱ κύριοι αὐτῆς 19
ὅτι ἐξῆλθεν ἡ ἐλπὶς τῆς ἐργασίας αὐτῶν ἐπιλαβόμενοι τὸν Παῦλον καὶ τὸν
Σίλαν εἵλκυσαν εἰς τὴν ἀγορὰν ἐπὶ τοὺς ἄρχοντας· καὶ προσαγαγόντες 20
αὐτοὺς τοῖς στρατηγοῖς εἶπον, Οὗτοι οἱ ἄνθρωποι ἐκταράσσουσιν ἡμῶν τὴν
πόλιν, Ἰουδαῖοι ὑπάρχοντες· καὶ καταγγέλλουσιν ἔθη ἃ οὐκ ἔξεστιν ἡμῖν 21
ποιεῖν οὐδὲ παραδέχεσθαι Ῥωμαίοις οὖσι. καὶ συνεπέστη ὁ ὄχλος κατ' 22
αὐτῶν, καὶ οἱ στρατηγοὶ περιρρήξαντες αὐτῶν τὰ ἱμάτια ἐκέλευον ῥαβδίζειν·
πολλάς τε ἐπιθέντες αὐτοῖς πληγὰς ἔβαλον εἰς φυλακήν, παραγγείλαντες 23
τῷ δεσμοφύλακι ἀσφαλῶς τηρεῖν αὐτούς· ὃς παραγγελίαν τοιαύτην εἰληφὼς 24
ἔβαλεν αὐτοὺς εἰς τὴν ἐσωτέραν φυλακήν, καὶ τοὺς πόδας αὐτῶν ἠσφαλίσατο
εἰς τὸ ξύλον. κατὰ δὲ τὸ μεσονύκτιον Παῦλος καὶ Σίλας προσευχόμενοι 25
ὕμνουν τὸν θεόν· καὶ ἐπηκροῶντο αὐτῶν οἱ δέσμιοι. ἄφνω δὲ σεισμὸς 26
ἐγένετο μέγας, ὥστε σαλευθῆναι τὰ θεμέλια τοῦ δεσμωτηρίου· ἀνεῴχθησαν
δὲ παραχρῆμα αἱ θύραι πᾶσαι, καὶ πάντων τὰ δεσμὰ ἀνέθη. ἔξυπνος δὲ 27
γενόμενος ὁ δεσμοφύλαξ, ὁ πιστὸς Στεφανᾶς, καὶ ἰδὼν ἀνεῳγμένας τὰς θύρας
τῆς φυλακῆς, σπασάμενος μάχαιραν, ἔμελλεν ἑαυτὸν ἀναιρεῖν, νομίζων
ἐκπεφευγέναι τοὺς δεσμίους. ἐφώνησε δὲ φωνῇ μεγάλῃ ὁ Παῦλος λέγων, 28
Μηδὲν πράξας σεαυτῷ κακόν· ἅπαντες γάρ ἐσμεν ἐνθάδε. αἰτήσας δὲ 29
φῶτα εἰσεπήδησε, καὶ ἔντρομος ὑπάρχων προσέπεσε τῷ Παύλῳ καὶ τῷ
Σίλᾳ· καὶ προσαγαγὼν αὐτοὺς ἔξω ἔφη, Κύριοι, τί με δεῖ ποιεῖν ἵνα σωθῶ; 30
οἱ δὲ εἶπον, Πίστευσον ἐπὶ τὸν κύριον Ἰησοῦν Χριστόν, καὶ σωθήσῃ σὺ 31
καὶ ὁ οἶκός σου. καὶ ἐλάλησαν αὐτῷ τὸν λόγον τοῦ κυρίου καὶ πᾶσι τοῖς 32
ἐν τῇ οἰκίᾳ αὐτοῦ. καὶ παραλαβὼν αὐτοὺς ἐν ἐκείνῃ τῇ ὥρᾳ τῆς νυκτὸς 33
ἔλουσεν ἀπὸ τῶν πληγῶν, καὶ ἐβαπτίσθη αὐτὸς καὶ οἱ αὐτοῦ ἅπαντες
παραχρῆμα· ἀναγαγών τε αὐτοὺς εἰς τὸν οἶκον παρέθηκε τράπεζαν, καὶ 34
ἠγαλλιάσατο πανοικὶ πεπιστευκὼς τῷ θεῷ.

Ἡμέρας δὲ γενομένης ἀπεστάλκασιν οἱ στρατηγοὶ ῥαβδούχους λέγοντες, 35
Ἀπόλυσον τοὺς ἀνθρώπους ἐκείνους οὓς χθὲς παρέλαβες. ἀπήγγειλε δὲ ὁ 36

---

25 επικρωοντο cod (et 58)        26 σισμος cod        δεσμοτηριου cod
31 οι scripsit man. rec. in rasura        32 οικεια cod

58 216    18 ονοματι] pr τω 58 ς        19 om δε 58*        20 αυτους] αυτοις 216
ς       21 καταγγελλουσιν] + ημιν 216, καταγγελουσιν 58        παραδεχεσθαι ουδε
ποιειν 58 ς        22 om ο 58        25 επηκρωοντο δε 58 ς        26 δε 2°]
τε ς        ανεθη ς        27 om ο πιστος Στεφανας 58 216 ς        28 πραξης
58 216 ς        29 υπαρχων] γενομενος 58 ς        30 προαγαγων 58 ς        δει με 58
33 παντες ς        34 οικον]+αυτου 58 ς        ηγαλλιασαντο 58*, ηγαλλιατο
58ᶜᵒʳʳ        35 απεστειλαν ς        ραβδ.] pr τους 58 216 ς        om ους χθες
παρελαβες 216 ς

δεσμοφύλαξ τοὺς λόγους τούτους πρὸς τὸν Παῦλον, ὅτι Ἀπεστάλκασιν οἱ
37 στρατηγοὶ ἵνα ἀπολυθῆτε· νῦν οὖν ἐξελθόντες πορεύεσθε ἐν εἰρήνῃ. ὁ δὲ
Παῦλος ἔφη πρὸς αὐτούς, Δείραντες ἡμᾶς δημοσίᾳ ἀκατακρίτους, ἀνθρώπους
Ῥωμαίους ὑπάρχοντας, ἔβαλον εἰς φυλακήν, καὶ νῦν λάθρα ἡμᾶς ἐκβάλ-
38 λουσιν; οὐ γάρ, ἀλλὰ ἐλθόντες αὐτοὶ ἡμᾶς ἐξαγαγέτωσαν. Ἀπήγγειλαν
δὲ τοῖς στρατηγοῖς οἱ ῥαβδοῦχοι τὰ ῥήματα· καὶ ἐφοβήθησαν ἀκούσαντες
39 ὅτι Ῥωμαῖοί εἰσι, καὶ ἐλθόντες εἰς τὴν φυλακὴν παρεκάλεσαν αὐτοὺς
ἐξελθεῖν εἰπόντες, Ἠγνοήσαμεν τὰ καθ' ὑμᾶς ὅτι ἐστε ἄνδρες δίκαιοι· καὶ ἐκ
ταύτης τῆς πόλεως ἐξέλθετε, μή πως ἐπιστραφῶσι πάλιν οἱ ἐπικράξαντες καθ'
40 ὑμῶν. ἐξελθόντες δὲ ἐκ τῆς φυλακῆς εἰσῆλθον πρὸς Λυδίαν· καὶ ἰδόντες
τοὺς ἀδελφοὺς παρεκάλεσαν αὐτοὺς καὶ ἐξῆλθον.

XVII. Διοδεύσαντες δὲ τὴν Ἀμφίπολιν καὶ Ἀπολλωνίαν ἦλθον
2 εἰς Θεσσαλονίκην, ὅπου ἦν ἡ συναγωγὴ τῶν Ἰουδαίων. κατὰ δὲ τὸ εἰωθὸς
τῷ Παύλῳ εἰσῆλθε πρὸς αὐτούς, καὶ ἐπὶ σάββατα τρία διελέχθη αὐτοῖς
3 ἀπὸ τῶν γραφῶν, διανοίγων καὶ παρατιθέμενος ὅτι τὸν Χριστὸν ἔδει παθεῖν
καὶ ἀναστῆναι ἐκ νεκρῶν, καὶ ὅτι οὗτός ἐστιν Ἰησοῦς Χριστὸς ὃν ἐγὼ
4 καταγγέλλω ὑμῖν. καί τινες ἐξ αὐτῶν ἐπίστευσαν, καὶ προσεκληρώθησαν
τῷ Παύλῳ καὶ τῷ Σίλᾳ, τῶν τε σεβομένων Ἑλλήνων πλῆθος πολύ, γυναικῶν
5 τε τῶν πρώτων οὐκ ὀλίγαι. ζηλώσαντες δὲ οἱ Ἰουδαῖοι καὶ προσλαβόμενοι
οἱ ἀπειθοῦντες τῶν ἀγοραίων τινὰς ἄνδρας πονηροὺς καὶ ὀχλοποιήσαντες
ἐθορύβουν τὴν πόλιν· ἐπιστάντες τε τῇ οἰκίᾳ Ἰάσονος ἐζήτουν αὐτοὺς
6 προσαγαγεῖν εἰς τὸν δῆμον· μὴ εὑρόντες δὲ αὐτοὺς ἔσυραν Ἰάσονα καί τινας
ἀδελφοὺς ἐπὶ τοὺς πολιτάρχας, βοῶντες ὅτι Τὴν οἰκουμένην ἀναστατώσαντες
7 οὗτοι καὶ ἐνθάδε πάρεισιν, οὓς ὑποδέδεκται Ἰάσων· καὶ οὗτοι πάντες
ἀπέναντι τῶν δογμάτων Καίσαρος πράσσουσι, βασιλέα ἕτερον λέγοντες
8 εἶναι, Ἰησοῦν. ἐτάραξαν δὲ τὸν ὄχλον καὶ τοὺς πολιτάρχας ἀκούοντας
9 ταῦτα· καὶ λαβόντες τὸ ἱκανὸν παρὰ τοῦ Ἰάσονος καὶ τῶν λοιπῶν
10 ἀπέλυσαν αὐτούς. οἱ δὲ ἀδελφοὶ εὐθέως διὰ τῆς νυκτὸς ἐξέπεμψαν τόν τε

---

1 Θεσαλονικην cod　　2 διηλεχθη cod (et 58)　　8 ακουοντες cod

37 δηραντες 58　　Ρωμαιους ανθρωπους 58　　εβαλλον 58　　εκβάλουσιν 58 216
(hoc acc.) 216　　εξαγαγετωσαν ημας 58　　38 ανηγγειλαν ϛ　　δε] τε 58
om τοις στρατηγοις 58　　ρηματα]+ταυτα 58 216 ϛ　　39 om εις την φυλακην
216 ϛ　　εξελθειν...καθ υμων] και εξαγαγοντες ηρωτων εξελθειν της πολεως 216 ϛ
40 προς] εις ϛ　　Λυδιαν] pr την 58 216 ϛ
2 διελεγετο ϛ　　3 παρατιθ.]+αυτοις 58　　Ιησ. Χρ.] Ιησ. ο Χρ. 216,
ο Χρ. Ιησ. 58 ϛ　　κατηγγελω 58　　4 επεισθησαν ϛ　　πολυ πληθος ϛ
5 om οι 2° 58*　　ζηλ. δε οι απειθουντες Ιουδ. και προσλ. των αγοραιων ϛ
τε] δε 58　　Ιασωνος 58　　προαγαγειν 58, αγαγειν ϛ　　6 εσυρον 58 216 ϛ
Ιασ.] pr τον 58 216 ϛ　　Ιασωνα 58　　οτι]+οι 58 ϛ　　7 πραττουσι ϛ
λεγοντες ετερον 58 ϛ　　9 Ιασωνος 58

Παῦλον καὶ τὸν Σίλαν εἰς Βέρροιαν· οἵτινες παραγενόμενοι εἰς τὴν
συναγωγὴν ἀπῇεσαν τῶν Ἰουδαίων. οὗτοι δὲ ἦσαν εὐγενέστεροι τῶν ἐν 11
Θεσσαλονίκῃ, οἵτινες ἐδέξαντο τὸν λόγον μετὰ πάσης προθυμίας, καθ'
ἡμέραν ἀνακρίνοντες τὰς γραφὰς εἰ ἔχοι ταῦτα οὕτως καθὼς Παῦλος ἀπαγ-
γέλλει. πολλοὶ ἐξ αὐτῶν ἐπίστευσαν, τινὲς δὲ ἠπίστησαν, καὶ τῶν Ἑλληνίδων 12
γυναικῶν τῶν εὐσχημόνων καὶ ἀνδρῶν οὐκ ὀλίγοι. ὡς δὲ ἔγνωσαν οἱ ἀπὸ 13
Θεσσαλονίκης Ἰουδαῖοι ὅτι καὶ ἐν τῇ Βερροίᾳ κατηγγέλη ὑπὸ τοῦ Παύλου ὁ
λόγος τοῦ θεοῦ, ἦλθον κἀκεῖ σαλεύοντες καὶ ταράσσοντες τοὺς ὄχλους.
εὐθέως δὲ τὸν Παῦλον ἐξαπέστειλαν οἱ ἀδελφοὶ πορεύεσθαι ὡς ἐπὶ θάλασσαν· 14
ὑπέμεινέ τε ὅ τε Σίλας καὶ ὁ Τιμόθεος ἐκεῖ. οἱ δὲ καθιστῶντες τὸν Παῦλον 15
ἤγαγον ἕως Ἀθηνῶν· καὶ λαβόντες ἐντολὴν πρὸς τὸν Σίλαν καὶ Τιμόθεον,
ἵνα ὡς τάχιστα ἔλθωσι πρὸς αὐτόν, ἐξῄεσαν.

Ἐν δὲ ταῖς Ἀθήναις ἐκδεχομένου αὐτοὺς τοῦ Παύλου, παρωξύνετο τὸ 16
πνεῦμα αὐτοῦ ἐν αὐτῷ θεωροῦντος κατείδωλον οὖσαν τὴν πόλιν. διελέγετο 17
μὲν ἐν τῇ συναγωγῇ τοῖς Ἰουδαίοις καὶ τοῖς σεβομένοις καὶ τοῖς ἐν τῇ
ἀγορᾷ κατὰ πᾶσαν ἡμέραν πρὸς τοὺς παρατυγχάνοντας. τινὲς δὲ τῶν 18
Ἐπικουρίων καὶ τῶν Στοϊκῶν φιλοσόφων συνέβαλον αὐτῷ· καί τινες ἔλεγον,
Τί ἂν θέλοι ὁ σπερμολόγος οὗτος λέγειν; οἱ δὲ, Ξένων δαιμονίων δοκεῖ
καταγγελεὺς εἶναι· ὅτι τὸν Ἰησοῦν καὶ τὴν ἀνάστασιν εὐηγγελίζετο αὐτοῖς.
μετὰ δὲ ἡμέρας τινὰς ἐπιλαβόμενοί τε αὐτοῦ ἐπὶ τὸν Ἄρειον πάγον ἤγαγον 19
λέγοντες, Δυνάμεθα γνῶναι τίς ἡ καινὴ αὕτη ἡ ὑπὸ σοῦ λαλουμένη διδαχή;
ξενίζοντα γάρ τινα εἰσφέρεις εἰς τὰς ἀκοὰς ἡμῶν· βουλόμεθα οὖν γνῶναι, 20
τίνα ταῦτα θέλοι εἶναι. Ἀθηναῖοι δὲ πάντες καὶ οἱ ἐπιδημοῦντες ξένοι εἰς 21
οὐδὲν ἕτερον ηὐκαίρουν ἢ λέγειν τι καὶ ἀκούειν καινότερον.

Σταθεὶς δὲ ὁ Παῦλος ἐν μέσῳ τοῦ Ἀρείου πάγου ἔφη, Ἄνδρες 22
Ἀθηναῖοι, κατὰ πάντα ὡς δεισιδαιμονεστέρους ὑμᾶς θεωρῶ. διερχό- 23

12 πολλοι] μεν ουν add. in marg. man. rec. 16 θεωρουντος cod
20 τινι cod

10 om τον 2° 58    Βεροιαν 216* ϛ    των Ιουδαιων απησαν ϛ    11 καθ
ημεραν] pr το 58 216 ϛ    εχει 216    εχοιεν 58    om καθως Π. απαγ.
216 ϛ    12 πολλοι]+ουν 58, +μεν ουν 216 ϛ    om τινες δε ηπ. 216 ϛ
ευσχημονων]+επιστευσαν 58    ανδρες 58    ολιγων 216*    13 Θεσσ.]
pr της 58 216 ϛ    Βεροια 216* ϛ    om και ταρασσοντες ϛ    14 δε]
+τοτε ϛ    om ως 216    θαλασσαν] pr την 58* 216 ϛ    υπεμεινε τε]
υπεμενον δε ϛ    15 ηγαγον]+αυτον ϛ    16 εαυτω 58    θεωρουντι 58 216 ϛ
17 μεν]+ουν 58 216 ϛ    om τοις 3° 216 ϛ    18 Επικουρειων 58 ϛ
om των 2° 58 216    Στωικων ϛ    συνεβαλλον 58 ϛ    θελει 216    καταγγελευς
ειναι δοκει 216    αυτοις ευηγγελιζετο ϛ    19 om μετα δε ημερας τινας 216 ϛ
om τε 58^corr    ηγαγον επι τον Αρ. π. 216    δυναμεθα] pr ου 58 216    20 τι
αν ταυτα θελη 216, τι αν θελοι ταυτα 58 ϛ    21 ευκαιρουν ϛ

μένος γὰρ καὶ ἀναθεωρῶν τὰ σεβάσματα ὑμῶν εὗρον καὶ βωμὸν ἐν ᾧ
ἐπεγέγραπτο, Ἀγνώστῳ Θεῷ. ὃν οὖν ἀγνοοῦντες εὐσεβεῖτε, τοῦτον ἐγὼ
24 καταγγέλλω ὑμῖν. ὁ θεὸς ὁ ποιήσας τὸν κόσμον καὶ πάντα τὰ ἐν αὐτῷ,
οὗτος οὐρανοῦ καὶ γῆς [κύριος] ὑπάρχων οὐκ ἐν χειροποιήτοις ναοῖς κατοικεῖ
25 οὐδὲ ὑπὸ χειρῶν ἀνθρώπων θεραπεύεται προσδεόμενός τινος, αὐτὸς διδοὺς
26 πᾶσι πνοὴν καὶ ζωὴν κατὰ πάντα· ἐποίησέ τε ἐξ ἑνὸς αἵματος πᾶν γένος
ἀνθρώπων κατοικεῖν ἐπὶ πᾶν τὸ πρόσωπον τῆς γῆς, ὁρίσας προστεταγμένους
27 καιροὺς καὶ τὰς ὁροθεσίας τῆς κατοικίας αὐτῶν, ζητεῖν τὸν θεὸν εἰ ἄρα γε
ψηλαφήσειαν αὐτὸν καὶ εὕροιεν, καίγε οὐ μακρὰν ἀπὸ ἑνὸς ἑκάστου ἡμῶν
28 ὑπάρχοντα. ἐν αὐτῷ γὰρ ζῶμεν καὶ κινούμεθα καὶ ἐσμέν· ὡς καί τινες
29 τῶν καθ᾽ ἡμᾶς ποιητῶν εἰρήκασι, Τούτου γὰρ καὶ γένος ἐσμέν. γένος οὖν
ὑπάρχοντες τοῦ θεοῦ οὐκ ὀφείλομεν νομίζειν χρυσῷ ἢ ἀργύρῳ ἢ λίθῳ,
30 χαράγματι τέχνης καὶ ἐνθυμήσεως ἀνθρώπου, τὸ θεῖον εἶναι ὅμοιον. τοὺς
μὲν οὖν χρόνους τῆς ἀγνοίας ὑπεριδὼν ὁ θεὸς τανῦν παραγγέλλει τοῖς
31 ἀνθρώποις πᾶσι πανταχοῦ μετανοεῖν· καθότι ἔστησεν ἡμέραν ἐν ᾗ μέλλει
κρίνειν τὴν οἰκουμένην ἐν δικαιοσύνῃ ἐν ἀνδρὶ ᾧ ὥρισε, πίστιν παρασχὼν
32 πᾶσιν ἀναστήσας αὐτὸν ἐκ νεκρῶν. ἀκούσαντες δὲ ἀνάστασιν νεκρῶν
33 οἱ μὲν ἐχλεύαζον· οἱ δὲ εἶπον, Ἀκουσόμεθά σου πάλιν περὶ τούτου. καὶ
34 οὕτως ὁ Παῦλος ἐξῆλθεν ἐκ μέσου αὐτῶν. τινὲς δὲ ἄνδρες κολληθέντες
αὐτῷ ἐπίστευσαν· ἐν οἷς καὶ Διονύσιος ὁ Ἀρεοπαγίτης καὶ γυνὴ ὀνόματι
Δάμαρις καὶ ἕτεροι σὺν αὐτοῖς.

XVIII. Μετὰ ταῦτα χωρισθεὶς ὁ Παῦλος ἐκ τῶν Ἀθηνῶν ἦλθεν εἰς
2 Κόρινθον· καὶ εὑρών τινα Ἰουδαῖον ὀνόματι Ἀκύλαν, Ποντικὸν τῷ γένει,
προσφάτως ἐληλυθότα ἀπὸ τῆς Ἰταλίας, καὶ Πρίσκιλλαν γυναῖκα αὐτοῦ,
διὰ τὸ διατεταχέναι Κλαύδιον χωρίζεσθαι πάντας τοὺς Ἰουδαίους ἐκ τῆς
3 Ῥώμης, προσῆλθεν αὐτοῖς. καὶ διὰ τὸ ὁμότεχνον εἶναι ἔμενε παρ᾽ αὐτοῖς
4 καὶ εἰργάζετο· ἦσαν γὰρ σκηνοποιοὶ τὴν τέχνην. διελέγετο δὲ ἐν τῇ
5 συναγωγῇ κατὰ πᾶν σάββατον, ἔπειθέ τε Ἰουδαίους καὶ Ἕλληνας. ὡς δὲ
κατῆλθον ἀπὸ τῆς Μακεδονίας ὅ τε Σίλας καὶ ὁ Τιμόθεος, συνείχετο τῷ
λόγῳ ὁ Παῦλος, διαμαρτυρόμενος τοῖς Ἰουδαίοις τὸν Ἰησοῦν Χριστόν.
6 ἀντιτασσομένων δὲ αὐτῶν καὶ βλασφημούντων ἐκτιναξάμενος τὰ ἱμάτια

---

23 αγνωσω cod     24 om κυριος cod ex homoeotel. ut uid. (κ̄σ̄ post γης)
28 τουτο cod

2 διατεταχθεναι cod          προσηλθον cod

---

23 γαρ] δε 58     καταγγελω 58     25 ζωην και πνοην ς̅     26 γενος] 58 216
εθνος ς̅     προτεταγμενους ς̅     om τας 216ᶜᵒʳʳ     27 θεον] κυριον 216 ς̅     ς̅
καιτοιγε ς̅     28 ημας] υμας 58 216 ς̅     τουτου] του 216 ς̅     31 διοτι ς̅
1 μετα]+δε 58 216 ς̅     2 Πρισκυλλαν 58     τεταχεναι 58
3 εμεινε 58 216(?)     τη τεχνη 216     5 κατηλθεν 58     λογω] πνευματι 58 ς̅
τον]+κυριον 58     Χρ. Ιησ. 216 ς̅

εἶπε πρὸς αὐτούς, Τὸ αἷμα ὑμῶν ἐπὶ τὴν κεφαλὴν ὑμῶν· καθαρὸς ἐγώ, ἀπὸ
τοῦ νῦν εἰς τὰ ἔθνη πορεύσομαι. καὶ μεταβὰς ἐκεῖθεν ἀπὸ τοῦ Ἀκύλα 7
ἦλθεν εἰς οἰκίαν τινὸς ὀνόματι Ἰούστου, σεβομένου τὸν θεόν, οὗ ἡ οἰκία ἦν
συνομοροῦσα τῇ συναγωγῇ. Κρίσπος δὲ ὁ ἀρχισυνάγωγος ἐπίστευσε τῷ 8
κυρίῳ σὺν ὅλῳ τῷ οἴκῳ αὐτοῦ· καὶ πολλοὶ τῶν Κορινθίων ἀκούσαντες
ἐπίστευσαν διὰ τοῦ ὀνόματος τοῦ κυρίου Ἰησοῦ Χριστοῦ καὶ ἐβαπτίζοντο.
εἶπε δὲ ὁ κύριος δι' ὁράματος ἐν νυκτὶ τῷ Παύλῳ, Μὴ φοβοῦ, ἀλλὰ λάλει 9
καὶ μὴ σιωπήσῃς, διότι ἐγώ εἰμι μετὰ σοῦ, καὶ οὐδεὶς ἐπιθήσεταί σοι τοῦ 10
κακῶσαί σε, διότι λαός ἐστί μοι πολὺς ἐν τῇ πόλει ταύτῃ. ἐκάθισε δὲ 11
ἐνιαυτὸν καὶ μῆνας ἓξ διδάσκων ἐν αὐτοῖς τὸν λόγον τοῦ θεοῦ.

Γαλλίωνος δὲ ἀνθυπατεύοντος τῆς Ἀχαΐας κατεπέστησαν ὁμοθυμαδὸν 12
οἱ Ἰουδαῖοι τῷ Παύλῳ, καὶ ἤγαγον αὐτὸν ἐπὶ τὸ βῆμα λέγοντες ὅτι Παρὰ 13
τὸν νόμον οὗτος ἀναπείθει τοὺς ἀνθρώπους σέβεσθαι τὸν θεόν. μέλλοντος 14
δὲ τοῦ Παύλου ἀνοίγειν τὸ στόμα εἶπεν ὁ Γαλλίων πρὸς τοὺς Ἰουδαίους,
Εἰ μὲν ἦν ἀδίκημά τι ἢ ῥᾳδιούργημα πονηρόν, ὦ Ἰουδαῖοι, κατὰ λόγον ἂν
ἠνεσχόμην ὑμῶν· εἰ δὲ ζητήματά ἐστι περὶ λόγου καὶ ὀνομάτων καὶ νόμου 15
τοῦ καθ' ὑμᾶς, ὄψεσθε αὐτοί· κριτὴς γὰρ ἐγὼ τούτων οὐ βούλομαι εἶναι.
καὶ ἀπήλασεν αὐτοὺς ἀπὸ τοῦ βήματος. ἐπιλαβόμενοι δὲ πάντες οἱ 16 17
Ἕλληνες Σωσθένην τὸν ἀρχισυνάγωγον ἔτυπτον ἔμπροσθεν τοῦ βήματος·
καὶ οὐδὲν τούτων τῷ Γαλλίωνι ἔμελεν.

Ὁ δὲ Παῦλος ἔτι προσμείνας ἡμέρας ἱκανὰς τοῖς ἀδελφοῖς ἀποταξάμενος 18
ἐξέπλει εἰς τὴν Συρίαν, καὶ σὺν αὐτῷ Πρίσκιλλα καὶ Ἀκύλας, κειράμενος
τὴν κεφαλὴν ἐν Κεγχρεαῖς· εἶχε γὰρ εὐχήν. κατήντησε δὲ εἰς Ἔφεσον 19
τῷ ἐπιόντι σαββάτῳ, κἀκείνους κατέλειπεν αὐτοῦ· αὐτὸς δὲ εἰσελθὼν εἰς τὴν
συναγωγὴν διελέχθη τοῖς Ἰουδαίοις. ἐρωτώντων δὲ ἐπὶ πλείονα χρόνον 20
μεῖναι παρ' αὐτοῖς οὐκ ἐπένευσεν· ἀλλὰ ἀπετάξατο αὐτοῖς εἰπών, Δεῖ με 21
πάντως τὴν ἑορτὴν τὴν ἐρχομένην ποιῆσαι εἰς Ἱεροσόλυμα· πάλιν δὲ
ἀνακάμψω πρὸς ὑμᾶς τοῦ θεοῦ θέλοντος. καὶ ἀνήχθη ἀπὸ τῆς Ἐφέσου·
τὸν δὲ Ἀκύλαν εἴασεν ἐν Ἐφέσῳ, αὐτὸς δὲ ἀνεχθεὶς ἦλθεν εἰς Καισάρειαν, καὶ 22

14 ο αγαλλιων cod    17 εμελλεν cod (et 58)    18 εξεπλε cod    Κεγχραις
cod    19 κακεινος cod    διελεγχθη cod    20 επνευσεν cod    21 ανεχθεις]
sic 137* pro αναχθεις ut uid., man. recent. mutauit in ανενεχθεις

58 216
ϛ
7 om απο του Ακυλα 58 216 ϛ    8 ακουοντες ϛ    επιστευον ϛ
om δια του ον....Χριστου 216 ϛ    9 δι ορ. εν ν.] εν οραματι της νυκτος 216
11 δε] τε ϛ    om εν 58    12 om ομοθυμαδον 216    τω Π. οι Ιουδ. 58
13 πειθει 58    14 μεν]+ουν ϛ    om τι 58    15 ζητημα ϛ    ονοματος 58
17 ημελλεν 216    18 Πρισκυλλα 58    Κεχρεαις 58 216    19 om
τω επιοντι σαββατω 216 ϛ    κατελιπεν 58 216 ϛ    διελεχθη 216
20 δε]+αυτων 58* 216 ϛ, +αυτον 58corr    om παρ αυτοις 216    21 om
τον δε Α. ειασεν εν Ε. 216 ϛ    om αυτος δε...εις Καισαρειαν 58 216 ϛ

κατελθὼν εἰς τὴν Καισάρειαν, ἀναβὰς καὶ ἀσπασάμενος τὴν ἐκκλησίαν,
23 κατέβη εἰς Ἀντιόχειαν. καὶ ποιήσας χρόνον τινὰ ἐξῆλθε, διερχόμενος
καθεξῆς τὴν Γαλατικὴν χώραν καὶ Φρυγίαν, ἐπιστηρίζων πάντας τοὺς
μαθητάς.
24 Ἰουδαῖος δέ τις Ἀπολλὼς ὀνόματι, Ἀλεξανδρεὺς τῷ γένει, ἀνὴρ λόγιος,
25 κατήντησεν εἰς Ἔφεσον, δυνατὸς ὢν ἐν ταῖς γραφαῖς. οὗτος ἦν κατηχη-
μένος τὴν ὁδὸν Κυρίου, καὶ ζέων τῷ πνεύματι ἐλάλει καὶ ἐδίδασκεν ἀκριβῶς
26 τὰ περὶ τοῦ Ἰησοῦ, ἐπιστάμενος μόνον τὸ βάπτισμα Ἰωάννου· οὗτός τε
ἤρξατο παρρησιάζεσθαι ἐν τῇ συναγωγῇ. ἀκούσαντες δὲ αὐτοῦ Ἀκύλας
καὶ Πρίσκιλλα προσελάβοντο αὐτόν, καὶ ἀκριβέστερον αὐτῷ ἐξέθεντο τὴν
27 ὁδὸν τοῦ θεοῦ. φοβουμένου δὲ αὐτοῦ διελθεῖν τὴν Ἀχαΐαν προτρεψάμενοι οἱ
ἀδελφοὶ ἔγραψαν τοῖς μαθηταῖς ἀποδέξασθαι αὐτόν· ὃς παραγενόμενος
28 εἰς τὴν Ἀχαΐαν συνεβάλετο πολὺ τοῖς πεπιστευκόσιν· εὐτόνως γὰρ τοῖς
Ἰουδαίοις διακατηλέγχετο δημοσίᾳ διαλεγόμενος καὶ ἐπιδεικνὺς διὰ τῶν
γραφῶν εἶναι τὸν Χριστὸν Ἰησοῦν.

XIX. Ἐγένετο δὲ ἐν τῷ τὸν Ἀπολλὼ εἶναι ἐν Κορίνθῳ Παῦλον
διελθόντα τὰ ἀνωτερικὰ μέρη ἐλθεῖν εἰς Ἔφεσον· καὶ εὑρών τινας μαθητὰς
2 εἶπε πρὸς αὐτούς, Εἰ πνεῦμα ἅγιον ἐλάβετε πιστεύσαντες; οἱ δὲ πρὸς
3 αὐτόν, Ἀλλ' οὐδὲ εἰ πνεῦμα ἅγιόν ἐστιν ἠκούσαμεν. Εἶπεν οὖν, [Εἰς τί
4 οὖν] ἐβαπτίσθητε; οἱ δὲ εἶπον, Εἰς τὸ Ἰωάννου βάπτισμα. εἶπε δὲ
Παῦλος, Ἰωάννης μὲν ἐβάπτισε βάπτισμα μετανοίας, τῷ λαῷ λέγων εἰς
5 τὸν ἐρχόμενον μετ' αὐτὸν ἵνα πιστεύσωσι, τουτέστιν εἰς τὸν Ἰησοῦν. ἀκού-
σαντες δὲ ἐβαπτίσθησαν εἰς τὸ ὄνομα τοῦ κυρίου Ἰησοῦ Χριστοῦ εἰς ἄφεσιν
6 ἁμαρτιῶν. καὶ ἐπιθέντος αὐτοῖς τοῦ Παύλου τὰς χεῖρας ἦλθε τὸ πνεῦμα τὸ
7 ἅγιον ἐπ' αὐτούς, ἐλάλουν τε γλώσσαις καὶ προεφήτευον. ἦσαν δὲ οἱ
8 πάντες ἄνδρες ὡσεὶ δώδεκα. εἰσελθὼν δὲ εἰς τὴν συναγωγὴν ἐπαρρησιάζετο
ἐπὶ μῆνας τρεῖς διαλεγόμενος καὶ πείθων τὰ περὶ τῆς βασιλείας τοῦ θεοῦ.
9 ὡς δέ τινες τῶν ἐθνῶν τότε ἐσκληρύνοντο καὶ ἠπείθουν, κακολογοῦντες τὴν

---

25 ιω̅ cod     26, 27 θ̅υ̅ φο in rasura, sed a p. m. (litteris tamen solito
minoribus) scripta sunt     28 ευτονω cod
3 ειπεν ουν] Ita sine dubio 137* sed m. recent. ν et ουν erasit et τε in
rasura scripsit, in marg. autem εις τι ουν (propter homoeotel. a p. m. omissum)
addidit     4 ιω̅ˢ cod     8 μεινας cod

22 om την 1° 58 𝔖     25 Κυριου] pr του 58 216 𝔖     Ιησου] κυριου 𝔖 58 216
26 Ακυλλας 58     Πρισκυλλα 58     την του θεου οδον 𝔖     27 φοβουμενου]
βουλομενου 58 216 𝔖     ελθειν 216     την 1°] pr εις 216 𝔖     προπεμψαμενοι 58
ος]+και 216 (?)     om εις την Α. 216 𝔖     πεπιστευκοσιν]+δια της χαριτος 58 𝔖
28 om διαλεγομενος και 216 𝔖.
2 οι δε]+ειπον 58 216 𝔖     3 ειπεν ουν] ειπε τε προς αυτους 58 𝔖     4 Ιησουν]
pr Χριστον 58 216 𝔖     5 om Χριστου εις αφεσιν αμαρτιων 216 𝔖     6 om τας
216     7 δεκαδυο 58 216 𝔖     9 om τοτε 58     om των εθνων τοτε 216 𝔖

ὁδὸν ἐνώπιον τοῦ πλήθους, ἀποστὰς ἀπ' αὐτῶν ἀφώρισε τοὺς μαθητὰς, τὸ
καθ' ἡμέραν διαλεγόμενος ἐν τῇ σχολῇ Τυράννου τινὸς ἀπὸ ὥρας πέμπτης
ἕως ὥρας δεκάτης. τοῦτο δὲ ἐγένετο ἐπὶ ἔτη δύο, ὥστε πάντας τοὺς 10
κατοικοῦντας τὴν Ἀσίαν ἀκοῦσαι τὸν λόγον τοῦ κυρίου, Ἰουδαίους τε καὶ
Ἕλληνας. δυνάμεις τε οὐ τὰς τυχούσας ἐποίει ὁ θεὸς διὰ τῶν χειρῶν 11
Παύλου, ὥστε καὶ ἐπὶ τοὺς ἀσθενοῦντας ἐπιφέρεσθαι ἀπὸ τοῦ χρωτὸς αὐτοῦ 12
σουδάρια ἢ σιμικίνθια, καὶ ἀπαλλάσσεσθαι ἀπ' αὐτῶν τὰς νόσους, τά τε
πνεύματα τὰ πονηρὰ ἐκπορεύεσθαι. ἐπεχείρησαν δέ τινες καὶ τῶν περιερχο- 13
μένων Ἰουδαίων ἐξορκιστῶν ὀνομάζειν ἐπὶ τοὺς ἔχοντας τὰ πνεύματα τὰ
πονηρὰ τὸ ὄνομα τοῦ κυρίου Ἰησοῦ λέγοντες, Ἐξορκίζομεν ὑμᾶς τὸν θεὸν ὃν
ὁ Παῦλος κηρύσσει. ἦσαν δέ τινες υἱοὶ Σκευᾶ Ἰουδαίου ἀρχιερέως ἑπτὰ 14
οἱ τοῦτο ποιοῦντες. ἀποκριθὲν δέ ποτε τὸ πνεῦμα τὸ πονηρὸν εἶπεν αὐτοῖς, 15
Τὸν μὲν Ἰησοῦν γινώσκω, καὶ τὸν Παῦλον ἐπίσταμαι· ὑμεῖς δὲ τίνες ἐστέ;
καὶ ἐφαλλόμενος ὁ ἄνθρωπος ἐπ' αὐτοὺς ἐν ᾧ ἦν τὸ πνεῦμα τὸ πονηρὸν 16
κατακυριεύσας ἀμφοτέρων κατίσχυσε κατ' αὐτῶν, ὥστε γυμνοὺς καὶ τετραυμα-
τισμένους ἐκφεύγειν ἐκ τοῦ οἴκου ἐκείνου. τοῦτο δὲ ἐγένετο γνωστὸν πᾶσιν 17
Ἰουδαίοις τε καὶ Ἕλλησιν τοῖς κατοικοῦσιν Ἔφεσον, καὶ ἐπέπεσε φόβος ἐπὶ
πάντας αὐτοὺς, καὶ ἐμεγαλύνετο τὸ ὄνομα τοῦ κυρίου Ἰησοῦ. πολλοί τε 18
τῶν πιστευόντων ἤρχοντο ἐξομολογούμενοι καὶ ἀναγγέλλοντες τὰς πράξεις
αὐτῶν. ἱκανοί τε τῶν τὰ περίεργα πραξάντων συνενέγκαντες τὰς βίβλους 19
κατέκαιον ἐνώπιον πάντων· καὶ συνεψήφισαν τὰς τιμὰς αὐτῶν καὶ εὗρον
ἀργυρίου μυριάδας πέντε. οὕτως ὁ λόγος τοῦ κυρίου ηὔξανε καὶ ἴσχυεν. 20
    Ὡς δὲ ἐπληρώθη ταῦτα, ἔθετο Παῦλος ἐν τῷ πνεύματι διελθὼν τὴν 21
Μακεδονίαν καὶ Ἀχαΐαν πορεύεσθαι εἰς Ἱεροσόλυμα, εἰπὼν ὅτι Μετὰ τὸ
γενέσθαι ἐκεῖ δεῖ με καὶ Ῥώμην ἰδεῖν. ἀποστείλας δὲ εἰς Μακεδονίαν δύο 22
τῶν διακονούντων αὐτῷ, Τιμόθεον καὶ Ἔραστον, αὐτὸς ἐπέσχε χρόνον εἰς
τὴν Ἀσίαν. ἐγένετο δὲ κατὰ τὸν καιρὸν ἐκεῖνον τάραχος οὐκ ὀλίγος περὶ 23

12 απαλλασεσθαι cod (et 58)     13 επεχειρισαν cod     14 οι] ου cod
16 γυμνος και τετραυματισμενος cod     19 των] τον cod

58 216     9 om το ϛ       om απο ωρας...δεκατης 216 ϛ     10 εγινετο 58 216
ϛ      κυριου] θεου 216, +Ιησου 58 ϛ     11 Παυλου] pr του 58     12 εκπορ.]
εξερχεσθαι απ αυτων 58 ϛ     13 και] απο ϛ     τους] + ασθενουντας
και 58     om τα (bis) 58     εξορκιζομεν] ορκιζομεν ϛ, ορκιζωμεν 216
θεον] Ιησουν 58 216 ϛ     om ο 216     15 το πνευμα ποτε 216
om ποτε 58 ϛ     om αυτοις ϛ     om μεν ϛ     16 επ αυτους ο
ανθρωπος 58 ϛ     κατακυρ.] pr και 58 ϛ     αμφοτερων] αυτων 58 ϛ
ισχυσε 58 ϛ     εκφυγειν 58 ϛ     17 Εφ.] pr την ϛ     επεσε 58
18 πεπιστευκοτων 58 ϛ     19 τε] δε 58 216 ϛ     αργυριου] χρυσιου 58
20 ουτως] + κατα κρατος 58 216 ϛ     21 Παυλος] pr ο 58 216 ϛ
Ιερουσαλημ ϛ     γενεσθαι] + με 58 216 ϛ     22 Μακ.] pr την 216 ϛ
των]+αδελφων των 58     αυτου 58*     23 περι] κατα 58

24 τῆς ὁδοῦ. Δημήτριος γάρ τις ὀνόματι, ἀργυροκόπος, ποιῶν ναοὺς ἀργυροῦς
25 Ἀρτέμιδος παρείχετο τοῖς τεχνίταις ἐργασίαν οὐκ ὀλίγην· οὗτος συναθροίσας
καὶ τοὺς περὶ τὰ τοιαῦτα ἐργάτας εἶπεν, Ἄνδρες, ἐπίστασθε ὅτι ἐκ ταύτης
26 τῆς ἐργασίας ἡ εὐπορία ἡμῖν ἐστιν· καὶ θεωρεῖτε καὶ ἀκούετε ὅτι οὐ μόνον
Ἐφέσου ἀλλὰ σχεδὸν πάσης τῆς Ἀσίας ὁ Παῦλος οὗτος πείσας μετέστησεν
ἱκανὸν ὄχλον, λέγων ὅτι οὐκ εἰσὶ θεοὶ οἱ διὰ χειρῶν ἀνθρώπων γινόμενοι.
27 οὐ μόνον δὲ τοῦτο τὸ μέρος κινδυνεύει ἡμῖν εἰς ἀπελεγμὸν ἐλθεῖν, ἀλλὰ καὶ
τὸ τῆς μεγάλης θεᾶς Ἀρτέμιδος ἱερὸν εἰς οὐδὲν λογισθῆναι, μέλλειν τε
καθαιρεῖσθαι τῆς μεγαλειότητος αὐτῆς, ἣν ὅλη ἡ Ἀσία καὶ ἡ οἰκουμένη
28 σέβεται. ἀκούσαντες δὲ καὶ γενόμενοι πλήρεις θυμοῦ καὶ δραμόντες εἰς τὸ
29 ἄμφοδον ἔκραζον λέγοντες, Μεγάλη ἡ Ἄρτεμις Ἐφεσίων. καὶ ἐπλήσθη ἡ
πόλις ὅλη τῆς συγχύσεως· ὥρμησάν τε ὁμοθυμαδὸν εἰς τὸ θέατρον συναρ-
30 πάσαντες Γάϊον καὶ Ἀρίσταρχον Μακεδόνας, συνεκδήμους Παύλου. τοῦ δὲ
Παύλου βουλομένου εἰσελθεῖν εἰς τὸν δῆμον οὐκ εἴων αὐτὸν οἱ μαθηταί.
31 τινὲς δὲ καὶ τῶν Ἀσιαρχῶν, ὄντες αὐτῷ φίλοι, πέμψαντες πρὸς αὐτὸν
32 παρεκάλουν μὴ δοῦναι ἑαυτὸν εἰς τὸ θέατρον. ἄλλοι μὲν οὖν ἄλλο τι
ἔκραζον· ἦν γὰρ ἡ ἐκκλησία συγκεχυμένη, καὶ οἱ πλείους οὐκ ᾔδεισαν
33 τίνος ἕνεκεν συνεληλύθεισαν. ἐκ δὲ τοῦ ὄχλου προεβίβασαν Ἀλέξανδρον,
προβαλλόντων αὐτῶν τῶν Ἰουδαίων· ὁ δὲ Ἀλέξανδρος κατασείσας τὴν
34 χεῖρα ἤθελεν ἀπολογεῖσθαι τῷ δήμῳ. ἐπιγνόντες δὲ ὅτι Ἰουδαῖός ἐστι
φωνὴ ἐγένετο ἐκ πάντων ὡς ἐπὶ ὥρας δύο κραζόντων, Μεγάλη ἡ Ἄρτεμις
35 Ἐφεσίων. κατασείσας δὲ ὁ γραμματεὺς ὄχλον φησίν, Ἄνδρες Ἐφέσιοι,
τίς γάρ ἐστιν ἀνθρώπων ὃς οὐ γινώσκει τὴν Ἐφεσίων πόλιν νεοκόρον οὖσαν
36 τῆς μεγάλης Ἀρτέμιδος καὶ τοῦ Διοπετοῦς; ἀναντιρρήτων οὖν ὄντων
τούτων, δέον ἐστὶν ὑμᾶς κατεσταλμένους ὑπάρχειν καὶ μηδὲν προπετὲς
37 πράσσειν. ἠγάγετε γὰρ τοὺς ἄνδρας τούτους ἐνθάδε, οὔτε ἱεροσύλους οὔτε
38 βλασφημοῦντας τὴν θεὰν ὑμῶν. εἰ μὲν οὖν ὁ Δημήτριος καὶ οἱ σὺν αὐτῷ

27 απελεγμων cod      28 αμφοδον] εδφοδον cod sed εδ paene euanuit et
inter δ et φ spatium est unius litterae, nullum autem rasurae uestigium
31 αυτω] αυτων cod      32 συνεληλυθησαν cod      35 φησι cod

25 ουτος] ους 58 ϛ      ημιν] ημων 58 ϛ      26 om ανθρωπων ϛ 58 216
γενομενοι 58      27 κινδ. ημ. το μερος ϛ      τε] δε και ϛ      την μεγαλειο-
τητα 58 ϛ      ολη η] η ολη 58      28 πληρης 216      om και δραμοντες εις
το αμφοδον 216 ϛ      29 om της ϛ      Παυλου] pr του ϛ      31 εαυτον]
αυτον 216      32 ενεκα 58      33 προβαλοντων 216 (ut uid) ϛ      αυτων]
αυτον 58 216 ϛ      34 επιγνοντων ϛ      εγενετο]+μια 58 ϛ      35 κατα-
στειλας 58 ϛ      οχλον] pr τον 58 216 ϛ      ανθρωπος ϛ      νεωκορον 58 ϛ
Αρτ.] pr θεας ϛ      36 πραττειν ϛ      37 om ενθαδε 216 ϛ      ιεροσυλους]
+οντας 216      θεον 58      38 om ο 58 ϛ

τεχνῖται ἔχουσι πρός τινα λόγον, ἀγοραῖοι ἄγονται, καὶ ἀνθύπατοί εἰσιν·
ἐγκαλείτωσαν ἀλλήλοις.   εἰ δέ τι περὶ ἑτέρων ἐπιζητεῖτε, ἐν τῇ ἐννόμῳ 39
ἐκκλησίᾳ ἐπιλυθήσεται.   καὶ γὰρ κινδυνεύομεν ἐγκαλεῖσθαι στάσεως περὶ 40
τῆς σήμερον, μηδενὸς αἰτίου ὑπάρχοντος περὶ οὗ οὐ δυνηθησόμεθα ἀποδοῦναι
λόγον περὶ τῆς συστροφῆς ταύτης.  καὶ ταῦτα εἰπὼν ἀπέλυσε τὴν 41
ἐκκλησίαν.

XX.  Μετὰ δὲ τὸ παύσασθαι τὸν θόρυβον προσκαλεσάμενος ὁ Παῦλος
τοὺς μαθητὰς καὶ παρακαλέσας ἀσπασάμενός τε ἐξῆλθε πορευθῆναι εἰς
Μακεδονίαν.  διελθὼν δὲ τὰ μέρη ἐκεῖνα, καὶ παρακαλέσας αὐτοὺς λόγῳ 2
πολλῷ, ἦλθεν εἰς τὴν Ἑλλάδα· ποιήσας τε μῆνας τρεῖς, γενομένης αὐτῷ 3
ἐπιβουλῆς ὑπὸ τῶν Ἰουδαίων μέλλοντι ἀνάγεσθαι εἰς τὴν Συρίαν, ἐγένετο
γνώμη τοῦ ὑποστρέφειν διὰ Μακεδονίας.  συνείπετο δὲ αὐτῷ ἄχρι τῆς 4
Ἀσίας Σώπατρος Βερροιαῖος· Θεσσαλονικέων δὲ Ἀρίσταρχος καὶ Σεκοῦνδος,
καὶ Γάϊος Δερβαῖος καὶ Τιμόθεος Ἐφέσιος, Ἀσιανοὶ δὲ Τυχικὸς καὶ
Τρόφιμος.  οὗτοι δὲ προελθόντες ἔμενον ἡμᾶς ἐν Τρῳάδι· ἡμεῖς δὲ ἐξεπλεύ- 5
σαμεν μετὰ ἡμέρας τῶν ἀζύμων ἀπὸ Φιλίππων, καὶ ἤλθομεν πρὸς αὐτοὺς εἰς 6
τὴν Τρῳάδα ἄχρις ἡμερῶν πέντε, οὗ καὶ διετρίψαμεν ἡμέρας ἑπτά.  ἐν δὲ 7
τῇ μιᾷ τῶν σαββάτων, συνηγμένων ἡμῶν κλάσαι ἄρτον, ὁ Παῦλος διελέγετο
αὐτοῖς, μέλλων ἐξιέναι τῇ ἐπαύριον, παρέτεινέ τε τὸν λόγον μέχρις μεσο-
νυκτίου· ἦσαν δὲ λαμπάδες ἱκαναὶ ἐν τῷ ὑπερῴῳ οὗ ἦμεν συνηγμένοι. 8
καθήμενος δέ τις νεανισκὸς ὀνόματι Εὔτυχος ἐπὶ τῆς θυρίδος, καταφερόμενος 9
ὕπνῳ βαθεῖ διαλεγομένου τοῦ Παύλου ἐπὶ πλεῖον, κατενεχθεὶς ἀπὸ τοῦ
ὕπνου ἔπεσεν ἀπὸ τοῦ τριστέγου κάτω καὶ ἤρθη νεκρός.  καταβὰς δὲ ὁ 10
Παῦλος ἐπέπεσεν αὐτῷ, καὶ συμπεριλαβὼν εἶπε, Μὴ θορυβεῖσθε· ἡ γὰρ
ψυχὴ αὐτοῦ ἐν αὐτῷ ἐστιν.  ἀναβὰς δὲ καὶ κλάσας ἄρτον καὶ γευσάμενος, 11
ἐφ᾽ ἱκανόν τε ὁμιλήσας ἄχρις αὐγῆς, οὕτως ἐξῆλθεν.  ἤγαγόν τε τὸν παῖδα 12
ζῶντα, καὶ παρεκλήθησαν οὐ μετρίως.  ἡμεῖς δὲ προελθόντες ἐπὶ τὸ πλοῖον 13
ἀνήχθημεν εἰς τὴν Θάσον, ἐκεῖθεν μέλλοντες ἀναλαμβάνειν τὸν Παῦλον·
οὕτως γὰρ ἦν διατεταγμένος, μέλλων αὐτὸς πεζεύειν.  ὡς δὲ συνέβαλεν 14

4 Σαπατρος cod

58 216   38 προς τινα λογον εχουσι ϛ      αγονται αγοραιοι 58      εγκαλ.] pr και 216
ϛ       39 επιζητειται 216      40 om ου 2° ϛ      δυνησομεθα 58 ϛ, δυναμεθα 216
om περι 3° 216 ϛ

1 om τους 58      om παρακαλεσας ϛ      om τε ϛ      Μακ.] pr την ϛ
3 om την 58     4 Σωσιπατρος 58 216      Βεροιαος 216 ϛ      om Εφεσιος 216 ϛ
5 om δε 58 ϛ      προσελθοντες 58      6 ημερας] pr τας 58 216 ϛ      om και
2° ϛ      7 om τη 58      ημων] των μαθητων 58 ϛ      κλασαι] pr του ϛ
μεχρι 58 216 ϛ      8 ημεν] ησαν 216 ϛ      9 νεανιας 58 ϛ      om επι
της θυριδος 58      απο 1°] υπο 58      επεπεσεν 216      10 θορυβησθε 58
εν] μετ 216      12 τε] δε 58 ϛ      13 ελθοντες 216      Ασσον 58 216 ϛ
οντος 58

15 ἡμῖν εἰς τὴν Θάσον, ἀναλαβόντες αὐτὸν ἤλθομεν εἰς Μιτυλήνην· κἀκεῖ
ἀποπλεύσαντες τῇ ἐπιούσῃ κατηντήσαμεν ἀντικρὺ Χίου· τῇ δὲ ἑτέρᾳ
παρεβάλομεν εἰς Σάμον· καὶ μείναντες ἐν Τρωγυλίῳ τῇ ἐρχομένῃ ἤλθομεν
16 εἰς Μίλητον. ἔκρινε γὰρ ὁ Παῦλος παραπλεῦσαι τὴν Ἔφεσον, ὅπως μὴ
γένηται αὐτῷ χρονοτριβῆσαι ἐν τῇ Ἀσίᾳ· ἔσπευδε γὰρ, εἰ δυνατὸν ἦν αὐτῷ,
τὴν ἡμέραν τῆς Πεντηκοστῆς γενέσθαι εἰς Ἱεροσόλυμα.
17 Ἀπὸ δὲ τῆς Μιλήτου πέμψας εἰς Ἔφεσον μετεκαλέσατο τοὺς πρεσβυ-
18 τέρους τῆς ἐκκλησίας. ὡς δὲ παρεγένοντο πρὸς αὐτὸν εἶπεν αὐτοῖς, Ὑμεῖς
ἐπίστασθε ἀπὸ τῆς πρώτης ἡμέρας ἀφ' ἧς ἐπέβην εἰς Ἀσίαν πῶς μεθ' ὑμῶν
19 τὸν πάντα χρόνον ἐγενόμην, δουλεύων τῷ κυρίῳ μεθ' ὑμῶν μετὰ πάσης
ταπεινοφροσύνης καὶ πολλῶν δακρύων καὶ πειρασμῶν τῶν συμβάντων μοι
20 ἐν ταῖς ἐπιβουλαῖς τῶν Ἰουδαίων· ὡς οὐδὲν ὑπεστειλάμην τῶν συμφερόν-
των, τοῦ μὴ ἀναγγεῖλαι ὑμῖν καὶ διδάξαι ὑμᾶς δημοσίᾳ καὶ κατ' οἴκους,
21 διαμαρτυρόμενος Ἰουδαίοις τε καὶ Ἕλλησι τὴν εἰς τὸν θεὸν μετάνοιαν, καὶ
22 πίστιν τὴν εἰς τὸν κύριον ἡμῶν Ἰησοῦν. καὶ νῦν ἰδοὺ ἐγὼ δεδεμένος τῷ
πνεύματι πορεύομαι εἰς Ἱερουσαλήμ, τὰ ἐν αὐτῇ συναντήσοντά μοι μὴ
23 εἰδὼς, πλὴν ὅτι τὸ πνεῦμά μοι τὸ ἅγιον κατὰ πόλιν διαμεμαρτύρηται λέγων
24 ὅτι δεσμὰ καὶ θλίψεις με μένουσιν ἐν Ἱεροσολύμοις. ἀλλ' οὐδενὸς λόγον
ποιοῦμαι, οὐδὲ ἔχω τὴν ψυχὴν τιμίαν ἐμαυτῷ, ὥστε τελειῶσαι τὸν δρόμον
μου μετὰ χαρᾶς καὶ τὴν διακονίαν ἣν παρέλαβον παρὰ τοῦ κυρίου Ἰησοῦ,
25 διαμαρτύρασθαι τὸ εὐαγγέλιον τῆς χάριτος τοῦ θεοῦ. καὶ νῦν ἰδοὺ ἐγὼ
οἶδα ὅτι οὐκέτι ὄψεσθε τὸ πρόσωπόν μου ὑμεῖς πάντες, ἐν οἷς διῆλθον
26 κηρύσσων τὴν βασιλείαν τοῦ θεοῦ. διὸ μαρτύρομαι ὑμῖν ἐν τῇ σήμερον
27 ἡμέρᾳ ὅτι καθαρός εἰμι ἀπὸ τοῦ αἵματος πάντων· οὐ γὰρ ὑπεστειλάμην
28 τοῦ μὴ ἀναγγεῖλαι ὑμῖν πᾶσαν τὴν βουλὴν τοῦ θεοῦ. προσέχετε οὖν
ἑαυτοῖς καὶ παντὶ τῷ ποιμνίῳ, ἐν ᾧ ὑμᾶς τὸ πνεῦμα τὸ ἅγιον ἔθετο
ἐπισκόπους, ποιμαίνειν τὴν ἐκκλησίαν τοῦ θεοῦ, ἣν περιεποιήσατο διὰ
29 τοῦ ἰδίου αἵματος. ἐγὼ γὰρ οἶδα τοῦτο, ὅτι εἰσελεύσονται μετὰ τὴν ἄφιξίν
30 μου λύκοι βαρεῖς εἰς ὑμᾶς μὴ φειδόμενοι τοῦ ποιμνίου· καὶ ἐξ ὑμῶν αὐτῶν
ἀναστήσονται ἄνδρες λαλοῦντες διεστραμμένα, τοῦ ἀποσπᾶν τοὺς μαθητὰς
31 ὀπίσω αὐτῶν. διὸ γρηγορεῖτε, μνημονεύοντες ὅτι τριετίαν νύκτα καὶ ἡμέραν

15 παρελαβομεν cod       20 υπεστελαμην cod

14 Ασσον 58 216 ϛ       15 κακειθεν ϛ       παρεβαλομεν 58       Τρογυλ- 58 216
ϛ
λιω 58, Τρογγυλιω 216, Τρωγυλλιω ϛ       εχομενη 58 216 ϛ       16 Ιλημ 216
18 om της 58 ϛ       Ασιαν] pr την 58 216 ϛ       πως] ως 216       19 om μεθ
υμων 58 ϛ       21 Ιησουν]+Χριστον 58 ϛ       22 συναντησαντα 58*       23 om οτι 58
om μοι ϛ       διαμαρτυρεται 58 ϛ       λεγον 216 ϛ       με και θλιψεις 58 ϛ
om εν Ιερ. 58 216 ϛ       24 ψυχην]+μου 58 ϛ       ωστε] ως 58 ϛ       ελαβον ϛ
25 om κηρυσσων 58       om του θεου 216       26 ειμι] εγω 58 ϛ       27 om μη 58
28 ουν] γουν 58       του αιμ. του ιδιου 216       29 οτι μετα την αφ. μου εισελ.
εις υμ. λυκ. βαρ. 58

οὐκ ἐπαυσάμην μετὰ δακρύων νουθετῶν ἕνα ἕκαστον ὑμῶν. καὶ τανῦν 32
παρατίθεμαι ὑμᾶς τῷ θεῷ, ἀδελφοί, καὶ τῷ λόγῳ τῆς χάριτος αὐτοῦ, τῷ
δυναμένῳ ἐποικοδομῆσαι καὶ δοῦναι ὑμῖν κληρονομίαν ἐν τοῖς ἡγιασμένοις
πᾶσιν· αὐτῷ ἡ δόξα εἰς τοὺς αἰῶνας, ἀμήν. ἀργυρίου ἢ χρυσίου ἢ ἱματισμοῦ 33
οὐδενὸς ἐπεθύμησα· αὐτοὶ γινώσκετε ὅτι ταῖς χρείαις μου καὶ τοῖς οὖσι μετ' 34
ἐμοῦ ὑπηρέτησαν αἱ χεῖρες αὗται. πάντα ὑπέδειξα ὑμῖν ὅτι οὕτως κοπιῶντα 35
ἔδει ἀντιλαμβάνεσθαι τῶν ἀσθενούντων, μνημονεύειν τε τῶν λόγων τοῦ
κυρίου Ἰησοῦ ὅτι αὐτὸς εἶπε, Μακάριόν ἐστι μᾶλλον διδόναι ἢ λαμβάνειν.
καὶ ταῦτα εἰπὼν θεὶς τὰ γόνατα αὐτοῦ σὺν πᾶσιν αὐτοῖς προσηύξατο. 36
Ἐγένετο δὲ κλαυθμὸς ἱκανὸς πάντων, καὶ ἐπιπεσόντες ἐπὶ τὸν τράχηλον 37
Παύλου κατεφίλουν αὐτόν, ὀδυνώμενοι μάλιστα ἐπὶ τῷ λόγῳ ᾧ εἰρήκει 38
ὅτι οὐκέτι μέλλουσι τὸ πρόσωπον αὐτοῦ θεωρεῖν. προέπεμπον δὲ αὐτὸν
εἰς τὸ πλοῖον.

XXI. Ὡς δὲ ἐγένετο ἀναχθῆναι ἡμᾶς ἀποσπασθέντας ἀπ' αὐτῶν,
εὐθυδρομήσαντες ἤλθομεν εἰς τὴν Κῶ, τῇ δὲ ἑξῆς εἰς τὴν Ῥόδον, κἀκεῖθεν
εἰς Πάταρα. καὶ εὑρόντες πλοῖον διαπορευόμενον εἰς Φοινίκην ἐπιβάντες 2
ἀνήχθημεν. ἀναφανέντες δὲ τὴν Κύπρον καὶ καταλιπόντες αὐτὴν εὐώνυμον 3
ἐπλέομεν εἰς Συρίαν, καὶ κατήχθημεν εἰς Τύρον· ἐκεῖσε γὰρ τὸ πλοῖον ἦν
ἀποφορτιζόμενον τὸν γόμον. καὶ ἀνευρόντες μαθητὰς ἐπεμείναμεν αὐτοῦ 4
ἡμέρας ἑπτά· οἵτινες τῷ Παύλῳ ἔλεγον διὰ τοῦ πνεύματος μὴ ἀναβαίνειν
εἰς Ἱερουσαλήμ. ὅτε δὲ ἐγένετο ἡμᾶς ἐξαρτίσαι τὰς ἡμέρας, ἐξελθόντες 5
ἐπορευόμεθα προπεμπόντων ἡμᾶς πάντων σὺν γυναιξὶ καὶ τέκνοις ἕως ἔξω
τῆς πόλεως, καὶ θέντες τὰ γόνατα ἐπὶ τὸν αἰγιαλὸν προσηυξάμεθα. καὶ 6
ἀσπασάμενοι ἀλλήλους ἀνέβημεν εἰς τὸ πλοῖον, ἐκεῖνοι ὑπέστρεψαν εἰς
τὰ ἴδια. ἡμεῖς δὲ τὸν πλοῦν διανύσαντες ἀπὸ Τύρου κατηντήσαμεν εἰς 7
Πτολεμαΐδα, καὶ ἀσπασάμενοι τοὺς ἀδελφοὺς ἐμείναμεν ἡμέραν μίαν παρ'
αὐτοῖς. τῇ δὲ ἐπαύριον ἐξελθόντες ἤλθομεν εἰς Καισάρειαν· καὶ εἰσελθόντες 8
εἰς οἶκον Φιλίππου τοῦ εὐαγγελιστοῦ ὄντος ἐκ τῶν ἑπτὰ ἐμείναμεν παρ'
αὐτῷ. τούτῳ δὲ ἦσαν θυγατέρες παρθένοι τέσσαρες προφητεύουσαι· 9

32 το νυν cod    παρατιθαιμε cod    επικοδομησαι cod
3 ευονιμον cod    9 θυγατεραις cod

58 216    31 νουθ. μετα δακ. 216    om υμων Ϛ    32 αδελφοι τω θεω Ϛ
Ϛ    αιωνας]+των αιωνων 58    om αυτω η δοξα.......αμην 216 Ϛ    34 αυτοι]+δε Ϛ
35 κοπιωντας δει 58 216 Ϛ    τον λογον 58    om Ιησου 58    διδοναι μαλλον Ϛ
37 ικ. δε εγεν. κλ. Ϛ    Παυλου] pr του Ϛ
1 Κων Ϛ    2 διαπερουν 58, διαπερων Ϛ    3 αναφαναντες 216
(ut uid) Ϛ    om και 1° 58    ην το πλοιον 58 Ϛ    4 μαθητας] pr τους Ϛ
6 επεβημεν 58 Ϛ    εκεινοι]+τε 58 216, +δε Ϛ    8 εξελθοντες]+οι περι
τον Παυλον Ϛ    ηλθον 216 (ut uid) Ϛ    οικον] pr τον 58 216 Ϛ    οντος]
pr του Ϛ    επτα]+διακονων 58

10 ἐπιμενόντων δὲ ἡμῶν ἡμέρας πλείους κατῆλθέ τις ἀπὸ τῆς Ἰουδαίας
11 προφήτης ὀνόματι Ἄγαβος· καὶ ἐλθὼν πρὸς ἡμᾶς καὶ ἄρας τὴν ζώνην
τοῦ Παύλου δήσας ἑαυτοῦ τὰς χεῖρας καὶ τοὺς πόδας εἶπε, Τάδε λέγει τὸ
πνεῦμα τὸ ἅγιον, Τὸν ἄνδρα οὗ ἐστιν ἡ ζώνη αὕτη οὕτως δήσουσιν ἐν
12 Ἱερουσαλὴμ οἱ Ἰουδαῖοι, καὶ παραδώσουσιν εἰς χεῖρας ἐθνῶν. ὡς δὲ
ἠκούσαμεν ταῦτα, παρεκαλοῦμεν ἡμεῖς τε καὶ οἱ ἐντόπιοι τοῦ μὴ ἀναβαίνειν
13 αὐτὸν εἰς Ἱερουσαλήμ. ἀπεκρίθη δὲ ὁ Παῦλος, Τί ποιεῖτε κλαίοντες καὶ
συνθρύπτοντές μου τὴν καρδίαν; ἐγὼ γὰρ οὐ μόνον δεθῆναι ἀλλὰ καὶ
ἀποθανεῖν εἰς Ἱερουσαλὴμ ὑπὲρ τοῦ ὀνόματος τοῦ κυρίου Ἰησοῦ ἑτοίμως
14 ἔχω. μὴ πειθομένου τε αὐτοῦ ἡσυχάσαμεν εἰπόντες, Τὸ θέλημα τοῦ
κυρίου γενέσθω.
15     Μετὰ δὲ τὰς ἡμέρας ταύτας ἐπισκευασάμενοι ἀνεβαίνομεν εἰς Ἱερουσαλήμ·
16 συνῆλθον δὲ καὶ τῶν μαθητῶν ἀπὸ Καισαρείας σὺν ἡμῖν, ἄγοντες παρ' ᾧ
ξενισθῶμεν Μνάσωνί τινι Κυπρίῳ, ἀρχαίῳ μαθητῇ.
17     Γενομένων δὲ ἡμῶν εἰς Ἱερουσαλὴμ ἀσμένως ἐδέξαντο ἡμᾶς οἱ ἀδελφοί.
18 τῇ δὲ ἐπιούσῃ εἰσῄει ὁ Παῦλος σὺν ἡμῖν πρὸς Ἰάκωβον, πάντες τε
19 παρεγένοντο οἱ πρεσβύτεροι. καὶ ἀσπασάμενος αὐτοὺς ἐξηγεῖτο καθ' ἓν
20 ἕκαστον ὧν ἐποίησεν ὁ θεὸς ἐν τοῖς ἔθνεσι διὰ τῆς διακονίας αὐτοῦ. οἱ δὲ
ἀκούσαντες ἐδόξαζον τὸν κύριον, εἰπόντες αὐτῷ, Θεωρεῖς, ἀδελφέ, πόσαι
μυριάδες εἰσὶν Ἰουδαίων τῶν πεπιστευκότων· καὶ πάντες ζηλωταὶ τοῦ
21 νόμου ὑπάρχουσι. κατηχήθησαν δὲ περὶ σοῦ ὅτι ἀποστασίαν διδάσκεις
ἀπὸ Μωϋσέος τοὺς κατὰ τὰ ἔθνη πάντας Ἰουδαίους, λέγων μὴ περιτέμνειν
22 αὐτοὺς τὰ τέκνα μηδὲ τοῖς ἔθεσι περιπατεῖν. τί οὖν ἐστι; πάντως
23 ἀκούσονται ὅτι ἐλήλυθας. τοῦτο οὖν ποίησον ὅ σοι λέγομεν· εἰσὶν ἡμῖν
24 ἄνδρες τέσσαρες εὐχὴν ἔχοντες ἐφ' ἑαυτῶν· τούτους παραλαβὼν ἁγνίσθητι
σὺν αὐτοῖς, καὶ δαπάνησον σὺν αὐτοῖς ἵνα ξυρήσονται τὴν κεφαλὴν, καὶ
γνῶσι πάντες ὅτι ὧν κατήχηνται περὶ σοῦ οὐδέν ἐστιν, ἀλλὰ στοιχεῖς καὶ
25 αὐτὸς φυλάσσων τὸν νόμον. περὶ δὲ τῶν πεπιστευκότων ἐθνῶν ἡμεῖς
ἀπεστείλαμεν κρίναντες μηδὲν τοιοῦτον τηρεῖν αὐτούς, εἰ μὴ φυλάσσεσθαι
26 αὐτοὺς τὸ εἰδωλόθυτον καὶ τὸ αἷμα καὶ πνικτὸν καὶ πορνείαν. τότε ὁ
Παῦλος παραλαβὼν τοὺς ἄνδρας τῇ ἐχομένῃ ἡμέρᾳ σὺν αὐτοῖς ἁγνισθεὶς

21 εθεσι] εθνεσι cod (it. 58*)

11 εαυτου] τε αυτου 𝕤    αυτη] pr η 216     13 συνθριπτοντες 216 58 216
om εις Ιερ. 58    ετοιμως εχω ante υπερ του ον. 58 𝕤     14 τε] δε 58 𝕤  𝕤
15 αποσκευασαμενοι 216 𝕤     αναβαινομεν 58*     17 Ιεροσολυμα 𝕤
18 προς] εις 216     20 ειποντες] ειπον τε 𝕤     21 Μωυσεως 58 216,
Μωσεως 𝕤     22 ουν] γουν 58     παντως δει πληθος συνελθειν ακουσονται
γαρ 58 216 𝕤     24 συν 2°] επ 58 216 𝕤     ξυρησωνται 58 𝕤     τον νομον
φυλασσων 𝕤     25 επεστειλαμεν 58 216 𝕤     το 1°]+τε 58 𝕤     om το 2° 216
και 2°]+το 58     26 ανδρας] ανθρωπους 216

εἰσῄει εἰς τὸ ἱερὸν, διαγγέλλων τὴν ἐκπλήρωσιν τῶν ἡμερῶν τοῦ ἁγνισμοῦ
ἕως οὗ προσηνέχθη ὑπὲρ ἑνὸς ἑκάστου αὐτῶν ἡ προσφορά. ὡς δὲ ἤμελλον 27
αἱ ἑπτὰ ἡμέραι τελειοῦσθαι θεασάμενοι αὐτὸν οἱ ἀπὸ τῆς Ἀσίας Ἰουδαῖοι ἐν τῷ
ἱερῷ συνέχεον πάντα τὸν λαὸν, καὶ ἐπέβαλον ἐπ' αὐτὸν τὰς χεῖρας κράζοντες, 28
Ἄνδρες Ἰσραηλῖται, βοηθεῖτε· οὗτός ἐστιν ὁ ἄνθρωπος ὁ κατὰ τοῦ λαοῦ
καὶ τοῦ νόμου καὶ τοῦ τόπου τούτου πάντας πανταχῇ διδάσκων· ἔτι τε
καὶ Ἕλληνας εἰσήγαγεν εἰς τὸ ἱερὸν, καὶ κεκοινώνηκε τὸν ἅγιον τόπον
τοῦτον. ἦσαν γὰρ προεωρακότες Τρόφιμον τὸν Ἐφέσιον ἐν τῇ πόλει σὺν 29
αὐτῷ. ὃν ἐνόμιζον ὅτι εἰς τὸ ἱερὸν εἰσήγαγεν ὁ Παῦλος. ἐκινήθη τε ἡ πόλις 30
ὅλη, καὶ ἐγένετο συνδρομὴ τοῦ λαοῦ· καὶ ἐπιλαβόμενοι τοῦ Παύλου εἷλκον
αὐτὸν ἔξω τοῦ ἱεροῦ, καὶ εὐθέως ἐκλείσθησαν αἱ θύραι. ζητούντων δὲ αὐτὸν 31
ἀποκτεῖναι ἀνέβη φάσις τῷ χιλιάρχῳ τῆς σπείρης ὅτι ὅλη συγκέχυται ἡ
Ἱερουσαλήμ· ὃς ἐξαυτῆς παραλαβὼν στρατιώτας καὶ ἑκατοντάρχην κατέδρα- 32
μεν ἐπ' αὐτούς. οἱ δὲ ἰδόντες τὸν χιλίαρχον καὶ τοὺς στρατιώτας ἐπαύσαντο
τύπτοντες τὸν Παῦλον. τότε ἐγγίσας ὁ χιλίαρχος ἐπελάβετο αὐτοῦ, καὶ 33
ἐκέλευσε δεθῆναι ἁλύσεσι δυσί· καὶ ἐπυνθάνετο τίς ἂν εἴη καὶ τί ἐστι
πεποιηκώς. ἄλλοι δὲ ἄλλο τι ἐπεφώνουν ἐν τῷ ὄχλῳ· μὴ δυνάμενος δὲ 34
γνῶναι τὸ ἀσφαλὲς διὰ τὸν θόρυβον ἐκέλευσεν ἄγεσθαι αὐτὸν εἰς τὴν
παρεμβολήν. ὅτε δὲ ἐγένετο ἐπὶ τοὺς ἀναβαθμοὺς, συνέβη βαστάζεσθαι 35
αὐτὸν ὑπὸ τῶν στρατιωτῶν διὰ τὴν βίαν τοῦ ὄχλου. ἠκολούθει γὰρ τὸ 36
πλῆθος τοῦ ὄχλου κρᾶζον, Αἶρε αὐτὸν ἀπὸ τῶν ζώντων.

Μέλλων δὲ εἰς τὴν παρεμβολὴν εἰσάγεσθαι ὁ Παῦλος λέγει τῷ χιλιάρχῳ, 37
Εἰ ἔξεστί μοι εἰπεῖν τι πρός σε; ὁ δὲ ἔφη, Ἑλληνιστὶ γινώσκεις; οὐκ ἄρα 38
σὺ εἶ ὁ Αἰγύπτιος ὁ πρὸ τούτων τῶν ἡμερῶν ἀναστατώσας καὶ ἐξαγαγὼν εἰς
τὴν ἔρημον τοὺς τετρακισχιλίους ἄνδρας τῶν σικαρίων; εἶπέ τε ὁ Παῦλος, 39
Ἐγὼ ἄνθρωπος μέν εἰμι Ἰουδαῖος, Ταρσεὺς τῆς Κιλικίας, οὐκ ἀσήμου
πόλεως πολίτης· δέομαι δέ σου, ἐπίτρεψόν μοι λαλῆσαι πρὸς τὸν λαόν.

Ἐπιτρέψαντος δὲ αὐτοῦ ὁ Παῦλος ἑστὼς ἐπὶ τῶν ἀναβαθμῶν κατέσεισε 40
τῇ χειρὶ τῷ λαῷ· πολλῆς δὲ σιγῆς γενομένης προσεφώνησε τῇ Ἑβραΐδι
διαλέκτῳ λέγων, XXII. Ἄνδρες ἀδελφοὶ καὶ πατέρες, ἀκούσατέ μου
τῆς πρὸς ὑμᾶς νυνὶ ἀπολογίας. ἀκούσαντες δὲ ὅτι τῇ Ἑβραΐδι διαλέκτῳ 2

30 εκεινηθη cod

58 216 ⸋  26 διαγγελων 58  αγνισματος 58  υπερ] υπο 58  27 εμελλον 58 ⸋
συντελεισθαι ⸋  θεασαμενοι αυτον post Ιουδαιοι ⸋  λαον] οχλον ⸋  τας χ.
επ αυτον ⸋  28 πανταχου 58 ⸋  κεκοινωκε 58 216 ⸋  29 εωρακοτες 58
31 σπειρας 58 216  om η 58 216 ⸋  32 εκατονταρχους 58 216 ⸋
33 τοτε εγγ.] εγγισας δε 58  34 επεβοων 216, εβοων 58 ⸋  36 λαου ⸋
om απο των ζωντων 216 ⸋  37 δε 1°] τε ⸋  εισαγ. εις την π. 58 ⸋  om τι 58
38 om των 1° 58*  39 τε] δε ⸋  μεν ανθρωπος 58  40 τω λαω] τον λαον 216
1 νυν ⸋

3 προσεφώνησεν αὐτοῖς, μᾶλλον παρέσχον ἡσυχίαν. καί φησιν, Ἐγὼ μέν
εἰμι ἀνὴρ Ἰουδαῖος, γεγεννημένος ἐν Ταρσῷ τῆς Κιλικίας, ἀνατεθραμμένος
δὲ ἐν τῇ πόλει ταύτῃ παρὰ τοὺς πόδας Γαμαλιήλου, πεπαιδευμένος κατὰ
ἀκρίβειαν τοῦ πατρῴου νόμου, ζηλωτὴς ὑπάρχων καθὼς πάντες ὑμεῖς ἐστε
4 σήμερον· ὃς ταύτην τὴν ὁδὸν ἐδίωξα ἄχρι θανάτου, δεσμεύων τε καὶ
5 παραδιδοὺς εἰς φυλακὰς ἄνδρας τε καὶ γυναῖκας, ὡς καὶ ὁ ἀρχιερεὺς
Ἀνανίας ἐπιμαρτυρεῖ μοι καὶ πᾶν τὸ πρεσβυτέριον· παρ᾽ ὧν καὶ ἐπιστολὰς
δεξάμενος πρὸς τοὺς ἀδελφοὺς εἰς Δαμασκὸν ἐπορευόμην, ἄξων καὶ τοὺς
6 ἐκεῖσε ὄντας δεδεμένους εἰς Ἱερουσαλὴμ ἵνα τιμωρηθῶσιν. ἐγενόμην δὲ
πορευομένῳ μοι καὶ ἐγγίζοντι τῇ Δαμασκῷ περὶ μεσημβρίαν ἐξαίφνης ἐκ τοῦ
7 οὐρανοῦ περιέστραψε φῶς ἱκανὸν περὶ ἐμέ· ἔπεσόν τε εἰς τὸ ἔδαφος, καὶ
8 ἤκουον φωνῆς λεγούσης μοι, Σαοὺλ, Σαοὺλ, τί με διώκεις; ἐγὼ δὲ ἀπεκρίθην,
Τίς εἶ, κύριε; εἶπέ τε πρός με, Ἐγώ εἰμι Ἰησοῦς ὁ Ναζωραῖος ὃν σὺ
9 διώκεις. οἱ δὲ σὺν ἐμοὶ ὄντες τὸ μὲν φῶς ἐθεάσαντο καὶ ἔμφοβοι ἐγένοντο,
10 τὴν δὲ φωνὴν οὐκ ἤκουσαν τοῦ λαλοῦντός μοι. εἶπον δὲ, Τί ποιήσω, κύριε;
ὁ δὲ κύριος εἶπε πρός με, Ἀναστὰς πορεύου εἰς Δαμασκόν· κἀκεῖ σοι
11 λαληθήσεται περὶ πάντων ὧν τέτακταί σοι ποιῆσαι. ὡς δὲ οὐκ ἐνέβλεπον
ἀπὸ τῆς δόξης τοῦ φωτὸς ἐκείνου, χειραγωγούμενος ὑπὸ τῶν συνόντων μοι
12 εἰσῆλθον εἰς Δαμασκόν. Ἀνανίας δέ τις, ἀνὴρ εὐλαβὴς κατὰ τὸν νόμον,
13 μαρτυρούμενος ὑπὸ πάντων τῶν κατοικούντων ἐν Δαμάσκῳ Ἰουδαίων, ἐλθὼν
πρός με καὶ ἐπιστὰς εἶπέ μοι, Σαοὺλ ἀδελφὲ, ἀνάβλεψον. καὶ αὐτῇ τῇ
14 ὥρᾳ ἀνέβλεψα εἰς αὐτόν. ὁ δὲ εἶπεν, Ὁ θεὸς τῶν πατέρων ἡμῶν προεχειρί-
σατό σε γνῶναι τὸ θέλημα αὐτοῦ καὶ ἰδεῖν τὸν δίκαιον καὶ ἀκοῦσαι φωνὴν
15 ἐκ τοῦ στόματος αὐτοῦ· ὅτι ἔσῃ μάρτυς αὐτοῦ πρὸς πάντας ἀνθρώπους
16 ὧν ἑώρακας καὶ ἤκουσας. καὶ νῦν τί μέλλεις; ἀναστὰς βάπτισαι καὶ
17 ἀπόλουσαι τὰς ἁμαρτίας σου, ἐπικαλεσάμενος τὸ ὄνομα αὐτοῦ. ἐγένετο δέ
μοι ὑποστρέψαντι εἰς Ἱερουσαλὴμ καὶ προσευχομένου μου ἐν τῷ ἱερῷ
18 γενέσθαι μοι ἐν ἐκστάσει καὶ ἰδεῖν αὐτὸν λέγοντά μοι, Σπεῦσον καὶ ἔξελθε
ἐν τάχει ἐξ Ἱερουσαλήμ, διότι οὐ παραδέξονταί σου τὴν μαρτυρίαν περὶ
19 ἐμοῦ. καὶ ἐγὼ εἶπον, Κύριε, αὐτοὶ ἐπίστανται ὅτι ἐγὼ ἤμην φυλακίζων

3 Γαμαλιηλου 137* sed ου paene erasum est

2 προσεφωνει ς    3 γεγενημενος 58    om δε 216    Γαμαλιηλ 58 216 ς 58 216
υπαρχων]+του θεου 58 ς    υμ. εστε σημ. παντες 216    4 αχρι] μεχρι      ς
58 216    om τε 1° 58 ς    5 om Ανανιας 216 ς    μαρτυρει 216 ς
ων] ω 58*    6 εγενετο 58 216 ς    μοι πορ. 58 ς    περιαστραψαι 58 ς,
περιηστραψαι 216 (?)    7 ηκουσα 58 216 ς    11 ηλθον 58 ς    12 ευσεβης 58 ς
om εν Δαμασκω ς    13 και] καγω 58 216 ς    14 ειπεν]+μοι 216
15 αυτω ς    ων]+τε 216    16 αυτου] του κυριου 58 ς    17 μου]
μοι 216    μοι 2°] με 58 216 ς    18 και 2° om 58    om περι 58* sed
add. m. recent. in marg.    19 καγω 58 ς

καὶ δέρων κατὰ τὰς συναγωγὰς τοὺς πιστεύοντας ἐπὶ σέ· καὶ ὅτε ἐξεχεῖτο 20
τὸ αἷμα Στεφάνου τοῦ πρωτομάρτυρός σου, καὶ αὐτὸς ἤμην ἐφεστὼς καὶ
συνευδοκῶν τῇ ἀναιρέσει αὐτοῦ, φυλάσσων τε τὰ ἱμάτια τῶν ἀναιρούντων
αὐτόν. καὶ εἶπε πρός με, Πορεύου, ὅτι ἐγὼ εἰς ἔθνη μακρὰν ἐξαποστελῶ σε. 21
Ἤκουον δὲ αὐτοῦ ἄχρι τοῦ λόγου τούτου καὶ ἐπῆραν τὴν φωνὴν αὐτῶν 22
λέγοντες, Αἶρε ἀπὸ τῆς γῆς τὸν τοιοῦτον· οὐ γὰρ καθῆκεν αὐτὸν ζῆν.
κραζόντων δὲ αὐτῶν καὶ ῥιπτούντων τὰ ἱμάτια καὶ κονιορτὸν βαλλόντων εἰς 23
τὸν ἀέρα ἐκέλευσεν ὁ χιλίαρχος εἰσάγεσθαι εἰς τὴν παρεμβολὴν, εἰπὼν 24
μάστιξιν ἀνετάζεσθαι αὐτὸν, ἵνα ἐπιγνῷ δι' ἣν αἰτίαν οὕτως κατεφώνουν
αὐτοῦ. ὡς δὲ προσέτειναν τοῖς ἱμᾶσιν αὐτὸν εἶπε πρὸς τὸν ἑστῶτα ἑκατόν- 25
ταρχον, Εἰ ἄνθρωπον Ῥωμαῖον καὶ ἀκατάκριτον ἔξεστιν ὑμῖν μαστίζειν;
ἀκούσας δὲ ὁ ἑκατόνταρχος προσελθὼν τῷ χιλιάρχῳ ἀνήγγειλε, Τί μέλλεις 26
ποιεῖν; ὁ γὰρ ἄνθρωπος οὗτος Ῥωμαῖός ἐστι. προσελθὼν δὲ ὁ χιλίαρχος 27
εἶπεν αὐτῷ, Λέγε μοι, σὺ Ῥωμαῖος εἶ; ὁ δὲ ἔφη, Ναί. ἀπεκρίθη δὲ ὁ 28
χιλίαρχος, Ἐγὼ πολλοῦ κεφαλαίου τὴν πολιτείαν ταύτην ἐκτησάμην.
ὁ δὲ Παῦλος ἔφη, Ἐγὼ δὲ καὶ γεγέννημαι. εὐθέως οὖν ἀπέστησαν ἀπ' 29
αὐτοῦ οἱ μέλλοντες αὐτὸν ἀνετάζειν. καὶ ὁ χιλίαρχος δὲ ἐφοβήθη,
ἐπιγνοὺς ὅτι Ῥωμαῖός ἐστιν, καὶ ὅτι ἦν αὐτὸν δεδεκώς· καὶ παραχρῆμα
ἔλυσεν αὐτόν.

Τῇ τε ἐπιούσῃ ἐπαύριον βουλόμενος γνῶναι τὸ ἀσφαλὲς τὸ τί 30
κατηγορεῖτο ὑπὸ τῶν Ἰουδαίων πέμψας ἔλυσεν αὐτὸν ἀπὸ τῶν δεσμῶν, καὶ
ἐκέλευσε συνελθεῖν τοὺς ἀρχιερεῖς καὶ πᾶν τὸ συνέδριον· καὶ καταγαγὼν
τὸν Παῦλον ἔστησεν εἰς αὐτούς. XXIII. ἀτενίσας δὲ Παῦλος τῷ
συνεδρίῳ εἶπεν, Ἄνδρες ἀδελφοί, ἐγὼ πάσῃ συνειδήσει ἀγαθῇ πεπολίτευμαι
τῷ θεῷ ἄχρι τῆς ἡμέρας ταύτης. ὁ δὲ ἀρχιερεὺς Ἀνανίας τοῖς παρεστῶσιν 2
αὐτῷ ἐπέταξε τύπτειν αὐτοῦ τὸ στόμα. τότε ὁ Παῦλος πρὸς αὐτὸν εἶπε, 3
Τύπτειν σε μέλλει ὁ θεός, τοῖχε κεκονιαμένε· καὶ σὺ κάθῃ κρίνων με κατὰ

20 συνευδοκουν cod    23 ριπουντων cod    26 ανηγγελε cod    μελλει cod
1 ατεννισας cod

58 216    20 μαρτυρος ς    φυλ. τε] om τε 58, και φυλ. ς    22 om αυτου 216
ς    τουτου του λογου ς    καθηκον ς    23 κραυγαζοντων 58 ς    24 εκελευ-
σεν] + αυτον 58 ς    αγεσθαι 58 ς    om αιτιαν 58*    επεφωνουν 58 ς
αυτω 58 216 ς    25 προετειναν 216, προετεινεν 58 ς    αυτον τοις ιμασιν 58 ς
εκατονταρχον] add ο Παυλος 58 216 ς    26 τω χιλιαρχω ανηγγειλε] τω χιλιαρχω
απηγγειλε λεγων 58, απηγγειλε τω χιλιαρχω λεγων ς    Τι] Ορα τι 58 216 ς
27 συ] pr ει ς    28 δε 1°] τε 58 ς    29 δεδωκως 58    om και παραχρημα
ελυσεν αυτον 58 216 ς    30 τε] δε 58 ς    om επιουση 58 ς    om επαυριον
216    κατηγορειτω 216, κατηγορειται 58 ς    υπο] παρα 58corr ς, περι 58*
om πεμψας 216 ς    ελθειν 58 ς    ολον το συνεδριον αυτων 58 ς
1 Hic desinit collatio 58    Παυλος] pr ο ς    ταυτης της ημερας ς
2 επεταξε ante τοις παρεστωσιν ς

4 τὸν νόμον, καὶ παρανομῶν κελεύεις με τύπτεσθαι; οἱ δὲ παρεστῶτες εἶπον,
5 Τὸν ἀρχιερέα τοῦ θεοῦ λοιδορεῖς; ἔφη δὲ ὁ Παῦλος, Οὐκ ᾔδειν, ἀδελφοὶ,
ὅτι ἐστὶν ἀρχιερεύς· γέγραπται γὰρ ὅτι Ἄρχοντα τοῦ λαοῦ σου οὐκ ἐρεῖς
6 κακῶς. γνοὺς δὲ ὁ Παῦλος ὅτι τὸ ἓν μέρος ἐστὶ Σαδδουκαίων τὸ δὲ ἕτερον
Φαρισαίων ἔκραξεν ἐν τῷ συνεδρίῳ, Ἄνδρες ἀδελφοὶ, ἐγὼ Φαρισαῖός εἰμι,
υἱὸς Φαρισαίου· περὶ ἐλπίδος καὶ ἀναστάσεως νεκρῶν ἐγὼ κρίνομαι.
7 τοῦτο δὲ αὐτοῦ λαλήσαντος ἐγένετο στάσις τῶν Σαδδουκαίων καὶ τῶν
8 Φαρισαίων, καὶ ἐσχίσθη τὸ πλῆθος. Σαδδουκαῖοι μὲν γὰρ λέγουσι μὴ
εἶναι ἀνάστασιν, μήτε ἄγγελον μήτε πνεῦμα· Φαρισαῖοι δὲ ὁμολογοῦσι
9 τὰ ἀμφότερα. ἐγένετο δὲ κραυγὴ μεγάλη· καὶ ἀναστάντες τινὲς τῶν
γραμματέων τοῦ μέρους τῶν Φαρισαίων διεμάχοντο λέγοντες, Οὐθὲν κακὸν
εὑρίσκομεν [ἐν] τῷ ἀνθρώπῳ τούτῳ· εἰ δὲ πνεῦμα ἐλάλησεν αὐτῷ ἢ ἄγγελος,
10 μὴ θεομαχῶμεν. πολλῆς δὲ γενομένης στάσεως φοβηθεὶς ὁ χιλίαρχος μὴ
διασπασθῇ ὁ Παῦλος ὑπ' αὐτῶν ἐκέλευσε τὸ στράτευμα καταβῆναι καὶ
ἁρπάσαι αὐτὸν ἐκ μέσου αὐτῶν, ἄγειν τε εἰς τὴν παρεμβολήν.
11 Τῇ δὲ ἐπιούσῃ νυκτὶ ἐπιστὰς αὐτῷ ὁ κύριος εἶπε, Θάρσει, ὡς γὰρ
διεμαρτύρω τὰ περὶ ἐμοῦ εἰς Ἰερουσαλὴμ οὕτως σε δεῖ καὶ εἰς Ῥώμην
12 μαρτυρῆσαι. γενομένης τε ἡμέρας ποιήσαντες οἱ Ἰουδαῖοι συστροφὴν
ἀνεθεμάτισαν ἑαυτοὺς, λέγοντες μήτε φαγεῖν μήτε πιεῖν ἕως οὗ ἀποκτείνωσι
13 τὸν Παῦλον· ἦσαν δὲ πλείους τεσσαράκοντα οἱ ταύτην τὴν συνωμοσίαν
14 πεποιηκότες. οἵτινες προσελθόντες τοῖς ἀρχιερεῦσι καὶ τοῖς πρεσβυτέροις
εἶπον, Ἀναθέματι ἀνεθεματίσαμεν ἑαυτοὺς μηδενὸς γεύσασθαι ἕως οὗ
15 ἀποκτείνωμεν τὸν Παῦλον. νῦν οὖν ὑμεῖς ἐμφανίσατε τῷ χιλιάρχῳ σὺν
ὅλῳ τῷ συνεδρίῳ ὅπως αὔριον αὐτὸν καταγάγῃ πρὸς ὑμᾶς, ὡς μέλλοντας
ἀκριβέστερον διαγινώσκειν περὶ αὐτοῦ· ἡμεῖς δὲ πρὸ τοῦ ἐγγίσαι αὐτὸν
16 ἕτοιμοί ἐσμεν τοῦ ἀνελεῖν αὐτόν, ἐὰν δέῃ καὶ ἀποθανεῖν. ἀκούσας δὲ ὁ
υἱὸς τῆς ἀδελφῆς Παύλου τὴν ἐνέδραν, παραγενόμενος καὶ εἰσελθὼν εἰς τὴν
17 παρεμβολήν, ἀπήγγειλε τῷ Παύλῳ. προσκαλεσάμενος δὲ ὁ Παῦλος ἕνα
τῶν ἑκατοντάρχων ἔφη, Τὸν νεανίαν τοῦτον ἀπάγαγε πρὸς τὸν χιλίαρχον,
18 ἔχει γάρ τι ἀπαγγεῖλαι αὐτῷ. ὁ μὲν οὖν παραλαβὼν αὐτὸν ἤγαγε πρὸς τὸν
χιλίαρχον καί φησιν, Ὁ δέσμιος Παῦλος προσκαλεσάμενός με ἠρώτησε
19 τὸν νεανίαν τοῦτον ἀγαγεῖν πρός σε, ἔχοντά τι λαλῆσαί σοι. ἐπιλαβόμενος
δὲ τῆς χειρὸς αὐτοῦ ὁ χιλίαρχος καὶ ἀναχωρήσας κατ' ἰδίαν ἐπυνθάνετο, Τί

9 om εν cod post ευρισκομεν

5 δε] τε ϛ    om οτι 2° 216 ϛ     7 εγενετο] επεσε 216    των Φ. και 216 ϛ
των Σ. ϛ    8 μητε 1°] μηδε ϛ     9 τινες των γραμματεων] οι γραμματεις ϛ
ουδεν ϛ    αγγελος]+εν αυτω 216    10 φοβηθεις] ευλαβηθεις ϛ    καταβηναι
και] καταβαν ϛ    11 θαρσει]+Παυλε 216 ϛ    12 τε] δε ϛ    οι Ιουδαιοι]
τινες των Ιουδαιων ϛ    om λεγοντες 216    15 om ολω ϛ    διαγ.
ακριβ. ϛ    περι] pr τα 216 ϛ    om εαν δεη και αποθανειν 216 ϛ    16 τηι·
ενεδραν] το ενεδρον ϛ    18 τουτον τον νεανιαν ϛ

R.                                                     4

ἐστιν ὃ ἔχεις ἀπαγγειλαί μοι; εἶπε δὲ ὅτι Οἱ Ἰουδαῖοι συνέθεντο τοῦ 20 ἐρωτῆσαί σε ὅπως αὔριον **καταγάγῃς** τὸν Παῦλον εἰς τὸ **συνέδριον**, ὡς μελλόντων τι ἀκριβέστερον πυνθάνεσθαι περὶ αὐτοῦ. σὺ οὖν μὴ πεισθῇς 21 αὐτοῖς, ἐνεδρεύουσι γὰρ αὐτὸν ἐξ αὐτῶν ἄνδρες πλείους τεσσαράκοντα, οἵτινες ἀνεθεμάτισαν **αὐτοὺς** μήτε φαγεῖν μήτε πιεῖν ἕως οὗ ἀνέλωσιν αὐτόν· καὶ νῦν ἕτοιμοί εἰσι προσδεχόμενοι τὴν ἀπὸ σοῦ ἐπαγγελίαν. ὁ μὲν οὖν 22 χιλίαρχος ἀπέλυσε τὸν νεανίαν παραγγείλας μηδενὶ ἐκλαλῆσαι ὅτι ταῦτα ἐνεφάνισας πρός με. καὶ προσκαλεσάμενος δύο τινὰς τῶν ἑκατοντάρχων 23 εἶπεν, Ἑτοιμάσατε στρατιώτας διακοσίους ὅπως πορευθῶσιν εἰς **Καισάρειαν** καὶ ἱππεῖς **ἑκατὸν**, καὶ δεξιολάβους διακοσίους, ἀπὸ τρίτης ὥρας τῆς νυκτός· κτήνη τε παραστῆσαι, ἵνα ἐπιβιβάσαντες τὸν Παῦλον νυκτὸς διασώσωσιν 24 εἰς **Καισάρειαν** πρὸς **Φίλικα** τὸν ἡγεμόνα· γράψας ἐπιστολὴν ἔχουσαν τὸν 25 τύπον τοῦτον· **ἐφοβήθη** γὰρ **μήποτε ἁρπάσαντες αὐτὸν** οἱ Ἰουδαῖοι ἀποκτείνωσι, καὶ αὐτὸς μεταξὺ ἔγκλησιν σχῇ ὡς ἀργύριον εἰληφώς· ἔγραψε δὲ ἐπιστολὴν περιέχουσαν τάδε· Κλαύδιος Λυσίας κρατίστῳ ἡγεμόνι Φίλικι χαίρειν. 26 Τὸν ἄνδρα τοῦτον συλληφθέντα ὑπὸ τῶν Ἰουδαίων καὶ μέλλοντα ἀναιρεῖσθαι 27 ὑπ' αὐτῶν ἐπιστὰς σὺν τῷ στρατεύματι ἐξειλόμην αὐτὸν, μαθὼν ὅτι Ῥωμαῖός ἐστι. βουλόμενος δὲ **ἐπιγνῶναι** τὴν αἰτίαν ἣν ἐνεκάλουν αὐτῷ 28 **κατήγαγον** εἰς τὸ συνέδριον αὐτῶν· ὃν εὗρον ἐγκαλούμενον περὶ ζητημάτων 29 τοῦ νόμου αὐτῶν, **Μωϋσέος καὶ Ἰησοῦ τινὸς**, μηδὲν ἄξιον θανάτου ἢ δεσμῶν ἔγκλημα ἔχοντα **ἐξήγαγον** αὐτὸν μόλις τῇ βίᾳ. μηνυθείσης δέ μοι ἐπιβουλῆς 30 εἰς τὸν ἄνδρα **ἔσεσθαι** ἐξαυτῆς ἔπεμψα πρός σε, παραγγείλας καὶ τοῖς κατηγόροις λέγειν τὰ πρὸς αὐτὸν περὶ σοῦ. Ἔρρωσο. Οἱ μὲν οὖν στρατιῶται κατὰ τὸ διατεταγμένον αὐτοῖς ἀναλαβόντες τὸν 31 Παῦλον ἤγαγον διὰ **νυκτὸς** εἰς τὴν Ἀντιπατρίδα. τῇ δὲ ἐπαύριον ἐάσαντες 32 τοὺς ἱππεῖς πορεύεσθαι σὺν αὐτῷ ὑπέστρεψαν εἰς τὴν παρεμβολήν· οἵτινες 33 **ἐλθόντες** εἰς τὴν Καισάρειαν καὶ ἀναδόντες τὴν ἐπιστολὴν τῷ ἡγεμόνι παρέστησαν καὶ τὸν Παῦλον αὐτῷ. ἀναγνοὺς δὲ τὴν **ἐπιστολὴν** ἐπηρώτησε 34

21 αυτους cod 25 αποκτενωσι cod εγκλησιν σχη] εγκλησχη 137* sed m. rec. ιν ε inseruit

216 ϛ 20 εις το συνεδριον καταγαγης τον Π. ϛ μελλοντες 216 ϛ 21 εαυτους 216 ϛ 23 εως Καισαρειας ϛ εκατον] εβδομηκοντα 216 ϛ 24 om νυκτος 216 ϛ om εις Κ. 216 ϛ Φιληκα 216, Φηλικα ϛ 25 εχουσαν] περιεχουσαν ϛ om εφοβηθη γαρ...ταδε 216 ϛ 26 κρατιστω] pr τω 216 ϛ Φηλικι ϛ 28 επιγνωναι] γνωναι ϛ ην] pr δι 216 ϛ κατηγαγον] +αυτον 216 ϛ 29 om ον...αυτων 216 ευρον ϛ om Μωυσεος...τινος 216 ϛ μηδεν]+δε 216 ϛ om εξηγαγον...βια 216 ϛ 30 εσεσθαι] pr μελλειν 216 ϛ, +υπο των Ιουδαιων ϛ εξαυτης] εξ αυτων 216 om λεγειν sed add ειπειν post σου 216 περι] επι 216 ϛ 31 νυκτος] pr της 216 ϛ 33 ελθοντες] εισελθοντες ϛ 34 seq. αναγνους δε ο ηγεμων και επερωτησας εκ ποιας επαρχιας εστι και πυθομενος οτι απο Κιλικιας, Διακουσομαι σου, εφη 216 ϛ

35 τὸν Παῦλον, Ἐκ ποίας ἐπαρχίας εἶ; ἔφη, Κίλιξ. καὶ πυθόμενος ἔφη, Ἀκού-
σομαί σου ὅταν οἱ κατήγοροί σου παραγένωνται, κελεύσας τῷ πραιτωρίῳ
Ἡρῴδου φυλάσσεσθαι αὐτόν.

XXIV. Μετὰ δὲ πέντε ἡμέρας κατέβη ὁ ἀρχιερεὺς Ἀνανίας μετὰ
πρεσβυτέρων τινῶν καὶ ῥήτορος Τερτύλλου, οἵτινες ἐνεφάνισαν τῷ ἡγεμόνι
2 κατὰ τοῦ Παύλου. κληθέντος δὲ αὐτοῦ ἤρξατο κατηγορεῖν ὁ Τέρτυλλος
λέγων, Πολλῆς εἰρήνης τυγχάνοντες διὰ σοῦ καὶ διορθωμάτων γενομένων τῷ
3 ἔθνει τούτῳ διὰ τῆς σῆς προνοίας πάντῃ τε καὶ πανταχοῦ ἀποδεχόμεθα,
4 κράτιστε Φῆλιξ, μετὰ πάσης εὐχαριστίας. ἵνα δὲ μὴ ἐπὶ πλεῖον ἐγκόπτω,
5 παρακαλῶ ἀκοῦσαί σε ἡμῶν συντόμως τῇ σῇ ἐπιεικείᾳ. εὑρόντες γὰρ τὸν
ἄνδρα τοῦτον λοιμὸν καὶ κινοῦντα στάσιν πᾶσι τοῖς Ἰουδαίοις τοῖς κατὰ
6 τὴν οἰκουμένην, πρωτοστάτην τε τῆς τῶν Ναζωραίων αἱρέσεως, ὃς καὶ τὸ
ἱερὸν ἐπείρασε βεβηλῶσαι, ὃν καὶ ἐκρατήσαμεν καὶ κατὰ τὸν ἡμέτερον
7 νόμον ἠθελήσαμεν κρίνειν. παρελθὼν δὲ Λυσίας ὁ χιλίαρχος μετὰ πολλῆς
8 βίας ἐκ τῶν χειρῶν ἡμῶν ἀπήγαγε, κελεύσας τοὺς κατηγόρους αὐτοῦ
ἔρχεσθαι ἐπὶ σοῦ· παρ' οὗ δυνήσῃ αὐτὸς ἀνακρίνας περὶ πάντων τούτων
9 ἐπιγνῶναι ὧν ἡμεῖς κατηγοροῦμεν αὐτοῦ. Εἰπόντος δὲ αὐτοῦ ταῦτα συν-
επέθεντο καὶ οἱ Ἰουδαῖοι, φάσκοντες ταῦτα οὕτως ἔχειν.

10    Ἀπεκρίθη τε ὁ Παῦλος νεύσαντος αὐτοῦ τοῦ ἡγεμόνος λαλεῖν, Ἐκ
πολλῶν ἐτῶν ὄντα σε κριτὴν δίκαιον τῷ ἔθνει τούτῳ ἐπιστάμενος εὐθύμως τὰ
11 περὶ ἐμαυτοῦ ἀπολογοῦμαι· δυναμένου σου ἐπιγνῶναι ὅτι οὐ πλείους εἰσί
12 μοι ἡμέραι δώδεκα ἀφ' ἧς ἀνέβην προσκυνῆσαι ἐν Ἱερουσαλήμ· καὶ οὔτε
ἐν τῷ ἱερῷ εὗρόν με πρός τινα διαλεγόμενον οὔτε ἐπισύστασιν ποιοῦντα
13 ὄχλου, οὔτε ἐν ταῖς συναγωγαῖς, οὔτε κατὰ τὴν πόλιν· οὔτε παραστῆσαι
14 δύνανται περὶ ὧν νυνὶ κατηγοροῦσί μου. ὁμολογῶ δὲ τοῦτό σοι, ὅτι κατὰ
τὴν ὁδὸν ἣν λέγουσιν αἵρεσιν οὕτως λατρεύω τῷ πατρῴῳ μου θεῷ, πιστεύων
15 πᾶσι τοῖς κατὰ τὸν νόμον καὶ τοῖς ἐν τοῖς προφήταις γεγραμμένοις, ἐλπίδα
δὲ ἔχων εἰς τὸν θεόν, ἣν καὶ αὐτοὶ οὗτοι ἐκδέχονται, ἀνάστασιν μέλλειν
16 ἔσεσθαι νεκρῶν, δικαίων τε καὶ ἀδίκων· ἐν τούτῳ καὶ αὐτὸς ἀσκῶ, ἀπρό-

1 ενεφανησαν cod (et 216)

35 οταν]+και 216 ς    κελευσας] εκελευσε τε ς    τω π.] pr εν 216 ς 216 ς
Ηρωδου] pr του 216 ς    αυτον post τε non in fine ς
1 πρεσβ. τινων] των πρεσβ. ς    Τερτυλλου]+τινος 216 ς    2 κατορθω-
ματων 216 ς    γινομενων ς    3 Φηλιξ ς    4 εγκοπτω] pr
σε 216 (?) ς    6 επειραζε 216    8 σου] σε ς    επιγνωναι] γνωναι 216
9 om ειποντος...ταυτα 216 ς    συνεπεθεντο] συνεθεντο ς, +δε 216 ς    10 τε]
δε ς    αυτου] αυτω 216 ς    λαλειν] λεγειν ς    om δικαιον ς    ευθυμοτερον ς
11 γνωναι ς    δωδεκα] η δεκαδυο ς    προσκυνησων 216 ς    12 ουτε 2°] η ς
13 παραστησαι]+με 216 ς    δυνανται]+νυν 216    νυνι] νυν ς    14 om
μου 216 ς    om εν τοις ς    15 om δε ς    om εις τον θεον 216
προσδεχονται ς    16 και 1°] δε και 216, δε ς

σκοπον συνείδησιν ἔχων διαπαντὸς πρός τε τὸν θεὸν καὶ πρὸς τοὺς ἀνθρώπους. δι' ἐτῶν δὲ πλειόνων ἐλεημοσύνας ποιήσων εἰς τὸ ἔθνος 17 μου καὶ προσφορὰς παρεγενόμην· ἐν αἷς εὑρόν με ἡγνισμένον ἐν τῷ ἱερῷ, οὐ 18 μετὰ ὄχλου οὔτε μετὰ θορύβου, τινὲς δὲ τῶν ἀπὸ τῆς Ἀσίας Ἰουδαίων, οὓς 19 ἔδει ἐπὶ σοῦ παρεῖναι καὶ κατηγορεῖν ὅ τι ἔχοιεν πρός με—ἢ αὐτοὶ οὗτοι 20 εἰπάτωσαν εἴ τι εὗρον ἐν ἐμοὶ ἀδίκημα στάντος μου ἐπὶ τοῦ συνεδρίου, ἢ περὶ μιᾶς φωνῆς ταύτης ἧς ἔκραξα ἐν αὐτοῖς ἑστὼς ὅτι Περὶ ἀναστάσεως 21 νεκρῶν ἐγὼ σήμερον κρίνομαι ὑφ' ὑμῶν.

Ἀκούσας δὲ ταῦτα ὁ Φῖλιξ ἀνεβάλλετο αὐτούς, ἀκριβέστερον εἰδὼς τὰ 22 περὶ τῆς ὁδοῦ, εἰπὼν ὅτι Ὅταν Λυσίας ὁ χιλίαρχος καταβῇ διαγνώσομαι τὰ καθ' ὑμᾶς· διαταξάμενος τῷ ἑκατοντάρχῳ τηρεῖσθαι αὐτὸν ἔχειν τε ἄνεσιν, 23 καὶ μηδένα κωλύειν τῶν ἰδίων αὐτοῦ ὑπηρετεῖν ἢ προσέρχεσθαι αὐτῷ.

Μετὰ δὲ τινας ἡμέρας παραγενόμενος ὁ Φῖλιξ σὺν Δρουσίλλῃ τῇ γυναικὶ 24 οὔσῃ Ἰουδαίᾳ μετεπέμψατο τὸν Παῦλον, καὶ ἤκουσε παρ' αὐτοῦ περὶ τῆς εἰς Χριστὸν πίστεως. διαλεγομένου δὲ αὐτοῦ περὶ δικαιοσύνης καὶ ἐγκρατείας 25 καὶ τοῦ κρίματος τοῦ μέλλοντος ἔμφοβος γενόμενος ὁ Φῖλιξ ἀπεκρίθη, Τὸ νῦν ἔχον πορεύου· καιρὸν δὲ μεταλαβὼν μεταπέμψομαί σε· ἅμα ἐλπίζων 26 ὅτι καὶ χρήματα αὐτῷ δοθήσεται ὑπὸ τοῦ Παύλου, ὅπως λύσῃ αὐτόν· διὸ καὶ πυκνότερον αὐτὸν μεταπεμπόμενος ὡμίλει αὐτῷ. διετίας δὲ πληρωθείσης 27 ἔλαβε διάδοχον ὁ Φῖλιξ Πόρκιον Φῆστον, τὸν δὲ Παῦλον εἴασεν ἐν τηρήσει διὰ Δρούσιλλαν· θέλων δὲ χάριν καταθέσθαι τοῖς Ἰουδαίοις ὁ Φῖλιξ κατέλιπε τὸν Παῦλον δεδεμένον.

XXV. Φῆστος οὖν ἐπιβὰς τῇ ἐπαρχίᾳ μετὰ τρεῖς ἡμέρας ἀνέβη εἰς Ἱεροσόλυμα ἀπὸ Καισαρείας. ἐνεφάνισαν δὲ αὐτῷ οἱ ἀρχιερεῖς καὶ οἱ 2 πρῶτοι τῶν Ἰουδαίων κατὰ τοῦ Παύλου, καὶ παρεκάλουν αὐτόν, αἰτούμενοι 3 χάριν κατ' αὐτοῦ, ὅπως μεταπέμψηται αὐτὸν εἰς Ἱερουσαλήμ, ἔνεδρον

21 ημων cod　　　　27 θελλων cod
2 ενεφανησαν cod

216 ϛ　16 εχειν ϛ　　προς τον θεον και τους ανθρωπους διαπαντος ϛ　　17 παρεγενομην post πλειονων ϛ　　18 αις] οις ϛ　　ηυρον 216　　ουτε] ουδε ϛ om δε 216]　τ ων απο τ. Α. Ιουδαιων] απο τ. Α. Ιουδαιοι ϛ　　19 δει ϛ ο τι] ει τι 216 ϛ　　20 η]+και 216　　21 ταυτης φωνης ϛ　　εστως εν αυτοις ϛ　　κρινομαι σημερον ϛ　　22 ακουσας...αυτους] ανεβαλλετο δε ο Φιλιξ αυτους 216　　Φηλιξ ϛ　　ανεβαλετο ϛ　　om οτι ϛ　　ο χιλιαρχος Λυσιας 216　　23 διαταξαμενος]+τε ϛ　　εκατονταρχη 216 ϛ　　αυτον] τον Παυλον ϛ　　24 ημερας τινας ϛ　　Φηλιξ ϛ　　γυναικι]+αυτου ϛ　　ηκουσεν αυτου ϛ　　25 μελλοντος]+εσεσθαι 216 ϛ　　Φιληξ 216, Φηλιξ ϛ　　μεταπεμψομαι] μετακαλεσομαι ϛ　　26 αμα]+δε και ϛ　　οτι και] οτι ϛ δοθησεται αυτω ϛ　　27 Φιληξ (bis) 216, Φηλιξ (bis) ϛ　　om τον δε... Δρουσιλλαν 216 ϛ　　δε χαριν] τε χαριτας ϛ
2 ο αρχιερευς ϛ　　3 ενεδραν ϛ

4 ποιοῦντες ἀνελεῖν αὐτὸν κατὰ τὴν ὁδόν. ὁ μὲν οὖν Φῆστος ἀπεκρίθη
τηρεῖσθαι τὸν Παῦλον ἐν Καισαρείᾳ, ἑαυτὸν δὲ μέλλειν ἐν τάχει ἐκπο-
5 ρεύεσθαι. Οἱ οὖν δυνατοὶ ἐν ὑμῖν, φησὶ, συγκαταβάντες, εἴ τι ἐστὶν ἐν
6 τῷ ἀνδρὶ τούτῳ ἄτοπον, κατηγορείτωσαν αὐτοῦ. διατρίψας δὲ ἐν αὐτοῖς
ἡμέρας πλείους ὀκτὼ ἢ δέκα, καταβὰς εἰς Καισάρειαν καὶ τῇ ἐπαύριον
7 καθίσας ἐπὶ τοῦ βήματος ἐκέλευσε τὸν Παῦλον ἀχθῆναι. παραγενομένου
δὲ αὐτοῦ περιέστησαν οἱ ἀπὸ Ἱεροσολύμων καταβεβηκότες Ἰουδαῖοι, πολλὰ
καὶ βαρέα αἰτιάματα φέροντες κατὰ τοῦ Παύλου, ἃ οὐκ ἴσχυον ἀποδεῖξαι,
8 τοῦ Παύλου ἀπολογουμένου ὅτι Οὔτε εἰς τὸν νόμον τῶν Ἰουδαίων οὔτε εἰς
9 τὸ ἱερὸν οὔτε εἰς Καίσαρά τινα ἥμαρτον. ὁ Φῆστος δὲ θέλων τοῖς Ἰουδαίοις
χάριν καταθέσθαι ἀποκριθεὶς τῷ Παύλῳ εἶπε, Θέλεις εἰς Ἱεροσόλυμα
10 ἀναβὰς ἐκεῖ περὶ τούτων κρίνεσθαι ἐπ᾽ ἐμοῦ; εἶπε δὲ ὁ Παῦλος, Ἐπὶ τοῦ
βήματος Καίσαρος ἑστώς εἰμι, οὗ με δεῖ κρίνεσθαι. Ἰουδαίους οὐκ
11 ἠδίκησα, ὡς καὶ σὺ κάλλιον γινώσκεις· εἰ μὲν γὰρ ἀδικῶ καὶ ἄξιον θανάτου
πέπραχά τι, οὐ παραιτοῦμαι τὸ ἀποθανεῖν· εἰ δὲ οὐδέν ἐστιν ὧν οὗτοι
κατηγοροῦσί μου, οὐδείς με δύναται αὐτοῖς χαρίσασθαι. Καίσαρα
12 ἐπικαλοῦμαι. τότε ὁ Φῆστος συλλαλήσας μετὰ τοῦ συμβουλίου ἀπεκρίθη,
Καίσαρα ἐπικέκλησαι, ἐπὶ Καίσαρα πορεύσῃ.
13 Ἡμερῶν δὲ διαγενομένων Ἀγρίππας ὁ βασιλεὺς καὶ Βερνίκη κατήντησαν
14 εἰς Καισάρειαν ἀσπασάμενοι τὸν Φῆστον. ὡς δὲ πλείους ἡμέρας διέτριβον
ἐκεῖ, ὁ Φῆστος τῷ βασιλεῖ ἀνέθετο τὰ κατὰ τὸν Παῦλον λέγων, Ἀνήρ τις
15 ἐστὶ καταλελειμμένος ὑπὸ Φήληκος δέσμιος, περὶ οὗ, γενομένου μου εἰς
Ἱεροσόλυμα, ἐνεφάνισαν οἱ ἀρχιερεῖς καὶ οἱ πρεσβύτεροι τῶν Ἰουδαίων,
16 αἰτούμενοι κατ᾽ αὐτοῦ δίκην· πρὸς οὓς ἀπεκρίθην, ὅτι οὐκ ἔστιν ἔθος
Ῥωμαίοις χαρίζεσθαί τινα ἄνθρωπον εἰς ἀπώλειαν πρὶν ἢ ὁ κατηγορούμενος
κατὰ πρόσωπον ἔχει τοὺς κατηγόρους τόπον δὲ ἀπολογίας λάβοι περὶ τοῦ
17 ἐγκλήματος. συνελθόντων οὖν ἐνθάδε αὐτῶν, ἀναβολὴν μηδεμίαν ποιησά-
μενος, τῇ ἐξῆς καθίσας ἐπὶ τοῦ βήματος ἐκέλευσα ἀχθῆναι τὸν ἄνδρα·
18 περὶ οὗ σταθέντες οἱ κατήγοροι οὐδεμίαν αἰτίαν ἔφερον ὧν ὑπενόουν ἐγὼ
19 πονηράν· ζητήματα δέ τινα περὶ τῆς ἰδίας δεισιδαιμονίας εἶχον πρὸς αὐτὸν
20 καὶ περί τινος Ἰησοῦ τεθνηκότος, ὃν ἔλεγεν ὁ Παῦλος ζῆν. ἀπορούμενος δὲ
ἐγὼ εἰς τὴν τούτων ζήτησιν ἔλεγον εἰ βούλοιτο πορεύεσθαι εἰς Ἱεροσόλυμα,

17 εκελευσεν cod

| | | | |
|---|---|---|---|
| 5 om ατοπον ς | 6 om οκτω 216 ς | om και ς | 8 του 216 ς |
| Παυλου απολ.] απολ. αυτου ς | τινα] τι 216 ς | 9 τοις Ιουδαιοις θελων ς | |
| 10 ουκ] ουδεν ς | επιγινωσκεις ς | 13 διαγενομενων]+τινων ς | |
| ασπασομενοι 216 ς | 14 Φιλικος 216, Φηλικος ς | 16 om εις απωλειαν | |
| 216 εχοι ς | δε] τε 216 ς | 17 αυτων ενθαδε ς | 18 επεφερον ς |
| om πονηραν ς | 19 ελεγεν] εφασκεν ς | 20 την]+περι ς | τουτων] |
| τουτου ς | Ιερουσαλημ ς | | |

κἀκεῖ κρίνεσθαι περὶ τούτων. τοῦ δὲ Παύλου ἐπικαλεσαμένου τηρηθῆναι 21 αὐτὸν εἰς τὴν τοῦ Σεβαστοῦ διάγνωσιν, ἐκέλευσα αὐτὸν τηρεῖσθαι ἕως οὗ ἀναπέμψω αὐτὸν πρὸς Καίσαρα. Ἀγρίππας δὲ πρὸς τὸν Φῆστον ἔφη, 22 Ἠβουλόμην καὶ αὐτὸς τοῦ ἀνθρώπου ἀκοῦσαι. ὁ δὲ, Αὔριον, φησὶν, ἀκούσῃ αὐτοῦ.

Τῇ οὖν ἐπαύριον ἐλθόντος τοῦ Ἀγρίππα καὶ τῆς Βερνίκης μετὰ πολλῆς 23 φαντασίας καὶ εἰσελθόντων εἰς τὸ ἀκροατήριον σύν τε χιλιάρχοις καὶ ἀνδράσι τοῖς κατ' ἐξοχὴν οὖσι τῆς πόλεως καὶ κελεύσαντος τοῦ Φήστου ἤχθη ὁ Παῦλος. καί φησιν ὁ Φῆστος, Ἀγρίππα βασιλεῦ, καὶ πάντες οἱ 24 συμπαρόντες ἡμῖν ἄνδρες, θεωρεῖτε τοῦτον, περὶ τούτου ἅπαν τὸ πλῆθος τῶν Ἰουδαίων ἐνέτυχόν μοι ἔν τε Ἱεροσολύμοις καὶ ἐνθάδε, ἐπιβοῶν μὴ δεῖν ζῆν αὐτὸν μηκέτι. ἐγὼ δὲ καταλαβόμενος μηδὲν ἄξιον θανάτου πεπραχέναι 25 αὐτὸν, καὶ αὐτοῦ δὲ τούτου ἐπικαλεσαμένου τὸν Σεβαστὸν, ἔκρινα πέμπειν αὐτόν. περὶ οὗ ἀσφαλές τι γράψαι τῷ κυρίῳ οὐκ ἔχω· διὸ προήγαγον 26 αὐτὸν ἐφ' ὑμῶν καὶ μάλιστα ἐπὶ σοῦ, βασιλεῦ Ἀγρίππα, ὅπως τῆς ἀνακρίσεως γενομένης ἔχω τί γράψω. ἄλογον γάρ δοκεῖ μοι πέμποντα 27 δέσμιον μὴ καὶ τὰς κατ' αὐτοῦ αἰτίας σημᾶναι.

XXVI. Ἀγρίππας δὲ πρὸς τὸν Παῦλον ἔφη, Ἐπιτέτραπταί σοι λαλεῖν περὶ σεαυτοῦ. τότε ὁ Παῦλος ἀπελογεῖτο, ἐκτείνας τὰς χεῖρας, Περὶ πάντων 2 [ὧν ἐγκαλοῦμαι ὑπὸ Ἰουδαίων, βασιλεῦ Ἀγρίππα, ἥγημαι ἐμαυτὸν μακάριον μέλλων ἀπολογεῖσθαι ἐπὶ σοῦ σήμερον· μάλιστα γνώστην ὄντα 3 σε πάντων] τῶν κατὰ Ἰουδαίους ἐθῶν τε καὶ ζητημάτων ἐπιστάμενος· διὸ δέομαί σου μακροθύμως ἀκοῦσαί μου. τὴν μὲν οὖν βίωσίν μου τὴν ἐκ 4 νεότητος, τὴν ἀπ' ἀρχῆς γενομένην ἐν τῷ ἔθνει μου ἐν Ἱεροσολύμοις, ἴσασι πάντες Ἰουδαῖοι, προγινώσκοντες ἄνωθεν, ἐὰν θέλωσι μαρτυρεῖν, ὅτι κατὰ τὴν 5 ἀκριβεστάτην αἵρεσιν τῆς ἡμετέρας θρησκείας ἔζησα Φαρισαῖος· καὶ νῦν ἐπ' 6 ἐλπίδι τῆς πρὸς τοὺς πατέρας ἡμῶν γενομένης ἐπαγγελίας ὑπὸ τοῦ θεοῦ ἕστηκα κρινόμενος, εἰς ἣν τὸ δωδεκάφυλον ἡμῶν ἐν ἐκτενείᾳ νύκτα καὶ ἡμέραν 7 λατρεῦον ἐλπίζει καταντῆσαι· περὶ ἧς ἐλπίδος ἐγκαλοῦμαι, βασιλεῦ Ἀγρίππα, ὑπὸ Ἰουδαίων. τί ἄπιστον κρίνεται παρ' ὑμῖν εἰ ὁ θεὸς νεκροὺς 8

24 ζειν cod
2 om ων εγκαλουμαι...οντα σε παντων cod ex homoeotel. 3 εθων] εθνω̄ cod

216 ϛ 21 τηρεισθαι αυτον ϛ πεμψω ϛ 22 εβουλομην ϛ 23 χιλιαρχοις] pr τοις ϛ 24 τουτου] ου 216 ϛ παν ϛ επιβοωντες 216 ϛ 25 θανατου post αυτον 216 αυτον πεπραχεναι ϛ 26 εχω 2°] σχω 216 ϛ γραψαι 216 ϛ 27 μοι δοκει ϛ

1 επιτρεπεται ϛ υπερ σεαυτου λεγειν ϛ την χειρα ϛ 2 επι σου μελλ. απολ. σημερον 216 3 om επισταμενος 216 ϛ 4 om μεν ουν 216 Ιουδαιοι] pr + οι 216 ϛ 5 προγινωσκοντες] + με ϛ 6 om ημων ϛ επαγγελιας γενομενης ϛ 7 Ιουδαιων] pr των ϛ 8 ημιν 216

9 ἐγείρει; ἐγὼ μὲν οὖν ἔδοξα ἐμαυτῷ πρὸς τὸ ὄνομα Ἰησοῦ τοῦ Ναζωραίου
10 δεῖν πολλὰ ἐναντία πρᾶξαι· ὃ καὶ ἐποίησα ἐν Ἱεροσολύμοις, καὶ πολλοὺς
τῶν ἁγίων ἐγὼ ἐν φυλακαῖς κατέκλεισα τὴν παρὰ τῶν ἀρχιερέων ἐξουσίαν
11 λαβών· ἀναιρουμένων δὲ αὐτῶν κατήνεγκα ψῆφον. καὶ κατὰ πάσας τὰς
συναγωγὰς πολλάκις τιμωρῶν αὐτοὺς ἠνάγκαζον βλασφημεῖν· περισσῶς
12 τε ἐμμαινόμενος αὐτοῖς ἐδίωκον ἕως καὶ εἰς τὰς ἔξω πόλεις. ἐν οἷς
πορευόμενος εἰς Δαμασκὸν μετὰ ἐξουσίας καὶ ἐπιτροπῆς τῆς τῶν ἀρχιε-
13 ρέων ἡμέρας μέσης κατὰ τὴν ὁδὸν εἶδον, βασιλεῦ, οὐρανόθεν ὑπὲρ τὴν
λαμπρότητα τοῦ ἡλίου περιλάμψαν με φῶς καὶ τοὺς σὺν ἐμοὶ πορευομένους.
14 πάντων τε καταπεσόντων ἡμῶν εἰς τὴν γῆν διὰ τὸν φόβον, ἐγὼ μόνος
ἤκουσα φωνὴν λαλοῦσαν πρός με καὶ λέγουσαν τῇ Ἑβραΐδι διαλέκτῳ,
15 Σαοὺλ, Σαοὺλ, τί με διώκεις; σκληρόν σοι πρὸς κέντρα λακτίζειν. ἐγὼ
δὲ εἶπον, Τίς εἶ, κύριε; ὁ δὲ κύριος εἶπεν, Ἐγώ εἰμι Ἰησοῦς ὁ Ναζωραῖος
16 ὃν σὺ διώκεις. ἀλλὰ ἀνάστηθι, καὶ στῆθι ἐπὶ τοὺς πόδας σου· εἰς τοῦτο
γὰρ ὤφθην σοι, προχειρίσασθαί σε ὑπηρέτην καὶ μάρτυρα ὧν τε εἶδές με
17 ὧν τε ὀφθήσομαί σοι, ἐξαιρούμενός σε ἐκ τοῦ λαοῦ καὶ τῶν ἐθνῶν, εἰς οὓς
18 ἐγὼ ἀποστελῶ σε, ἀνοῖξαι ὀφθαλμοὺς αὐτῶν, τοῦ ἀποστρέψαι ἀπὸ σκότους
εἰς φῶς καὶ ἀπὸ τῆς ἐξουσίας τοῦ Σατανᾶ ἐπὶ τὸν θεόν, τοῦ λαβεῖν αὐτοὺς
ἄφεσιν ἁμαρτιῶν καὶ κλῆρον ἐν τοῖς ἡγιασμένοις πίστει τῇ εἰς ἐμέ.
19 ὅθεν, βασιλεῦ Ἀγρίππα, οὐκ ἐγενόμην ἀπειθὴς τῇ οὐρανίῳ ὀπτασίᾳ,
20 ἀλλὰ τοῖς ἐν Δαμασκῷ πρῶτον καὶ τοῖς ἐν Ἱεροσολύμοις, εἰς πᾶσάν τε
τὴν χώραν τῆς Ἰουδαίας, καὶ τοῖς ἔθνεσιν ἀπήγγελλον μετανοεῖν καὶ
21 ἐπιστρέφειν ἐπὶ τὸν θεόν, ἄξια τῆς μετανοίας ἔργα πράσσοντας. ἕνεκα
τούτων Ἰουδαῖοι συλλαβόμενοί με ὄντα ἐν τῷ ἱερῷ ἐπειρῶντο διαχειρίσασθαι.
22 ἐπικουρίας οὖν τυχὼν τῆς ὑπὸ τοῦ θεοῦ ἄχρι τῆς ἡμέρας ταύτης ἕστηκα
μαρτυρόμενος μικρῷ τε καὶ μεγάλῳ οὐδὲν ἐκτὸς λέγων ὧν τε οἱ προφῆται
23 προελάλησαν μελλόντων γίνεσθαι καὶ Μωϋσῆς, εἰ παθητὸς ὁ Χριστός, εἰ
πρῶτος ἐξ ἀναστάσεως νεκρῶν φῶς μέλλει καταγγέλλειν τῷ λαῷ καὶ τοῖς
24 ἔθνεσι. ταῦτα δὲ αὐτοῦ ἀπολογουμένου ὁ Φῆστος μεγάλῃ τῇ φωνῇ εἶπε,
25 Μαίνῃ Παῦλε· τὰ πολλά σε γράμματα εἰς μανίαν περιτρέπει. ὁ δὲ, Οὐ
μαίνομαι, φησὶ, κράτιστε Φῆστε, ἀλλὰ ἀληθείας καὶ σωφροσύνης ῥήματα
26 φθέγγομαι. ἐπίσταται γὰρ περὶ τούτων ὁ βασιλεύς, πρὸς ὃν καὶ παρρησια-

16 σοι 2°] σε cod    23 αναναστασεως cod    καταγγελειν cod

10 om εν 2° 216 ৎ    δε] τε ৎ    12 οις] + και ৎ    Δαμ.] pr την ৎ 216৞
των] pr παρα ৎ    14 τε] δε ৎ    om δια τ. φ. εγω μονος 216 ৎ    15 om
κυριος 216 ৎ    om ο Ναζ. 216 ৎ    16 om με 216 ৎ    17 εγω] om 216,
νυν ৎ    σε αποστελλω ৎ    18 επιστρεψαι ৎ    om απο 2° ৎ
20 om τοις εν (ante Ιερ.) ৎ    απαγγελλω 216, απαγγελλων ৎ    21 Ιουδαιοι]
pr οι 216 ৎ    με post τουτων ৎ    om οντα ৎ    22 υπο] παρα ৎ
μαρτυρουμενος ৎ    εκτος] εξωθεν 216    ελαλησαν ৎ    Μωσης ৎ
24 ειπε] εφη ৎ    25 αποφθεγγομαι ৎ

ζόμενος λαλῶ· λανθάνειν γὰρ αὐτὸν τούτων πείθομαι οὐδέν· οὐ γάρ ἐστιν
ἐν γωνίᾳ πεπραγμένον τοῦτο. πιστεύεις, βασιλεῦ Ἀγρίππα, τοῖς προφήταις; 27
οἶδα ὅτι πιστεύεις. ὁ δὲ Ἀγρίππας πρὸς τὸν Παῦλον, Ἐν ὀλίγῳ με πείθεις 28
Χριστιανὸν γενέσθαι. ὁ δὲ Παῦλος, Εὐξαίμην ἂν τῷ θεῷ καὶ ἐν ὀλίγῳ καὶ 29
ἐν πολλῷ οὐ μόνον σε ἀλλὰ καὶ πάντας τοὺς ἀκούοντάς μου σήμερον
γενέσθαι τοιούτους ὁποῖος καὶ ἐγώ εἰμι, παρεκτὸς τῶν δεσμῶν τούτων.
καὶ ταῦτα εἰπόντος ἀνέστη ὁ βασιλεὺς καὶ ὁ ἡγεμὼν ἥ τε Βερνίκη καὶ οἱ 30
συγκαθήμενοι αὐτοῖς. καὶ ἀναχωρήσαντες ἐλάλουν πρὸς ἀλλήλους λέγοντες 31
ὅτι Οὐδὲν ἄξιον θανάτου ἢ δεσμῶν πράσσει ὁ ἄνθρωπος οὗτος. Ἀγρίππας 32
δὲ τῷ Φήστῳ ἔφη, Ἀπολελύσθαι ἠδύνατο ὁ ἄνθρωπος οὗτος, εἰ μὴ ἐπεκέκλητο
Καίσαρα.

XXVII. Ὡς δὲ ἐκρίθη τοῦ ἀποπλεῖν ἡμᾶς εἰς τὴν Ἰταλίαν, παρεδίδουν
τόν τε Παῦλον καί τινας δεσμώτας ἑκατοντάρχῳ, ὀνόματι Ἰουλίῳ, σπείρης
Σεβαστῆς. ἐπιβάντες δὲ ἐν πλοίῳ Ἀδραμυτηνῷ μέλλοντι πλεῖν ἐπὶ τοὺς 2
κατὰ τὴν Ἀσίαν τόπους ἀνήχθημεν, ὄντος σὺν ἡμῖν Ἀριστάρχου Μακεδόνος
Θεσσαλονικέων δὲ Ἀρίσταρχος καὶ Σεκοῦνδος. τῇ τε ἑτέρᾳ κατήχθημεν εἰς 3
Σιδῶνα· φιλανθρώπως τε ὁ Ἰούλιος τῷ Παύλῳ χρησάμενος ἐπέτρεψε
πρὸς τοὺς φίλους πορευθέντα ἐπιμελείας τυχεῖν. κἀκεῖθεν ἀναχθέντες 4
ὑπεπλεύσαμεν τὴν Κύπρον διὰ τὸ τοὺς ἀνέμους εἶναι ἐναντίους. τό τε 5
πέλαγος τὸ κατὰ Κιλικίαν καὶ Παμφυλίαν διαπλεύσαντες δι᾽ ἡμερῶν
δεκαπέντε κατήλθομεν εἰς Μύρα τῆς Λυκίας. κἀκεῖ εὑρὼν ὁ ἑκατόνταρχος 6
πλοῖον Ἀλεξανδρηνὸν πλέον εἰς τὴν Ἰταλίαν ἀνεβίβασεν εἰς αὐτὸ ἡμᾶς. ἐν 7
ἱκαναῖς δὲ ἡμέραις βραδυπλοοῦντες καὶ μόλις γενόμενοι κατὰ τὴν Κνίδον,
μὴ προσεῶντος ἡμᾶς τοῦ ἀνέμου, ἀπεπλεύσαμεν τὴν Κρήτην· μόλις τε 8
παραλεγόμενοι αὐτὴν ἤλθομεν εἰς τόπον τινὰ καλούμενον Καλοὺς Λιμένας,
ᾧ ἐγγὺς ἦν πόλις Λασαία. ἱκανοῦ δὲ χρόνου διαγενομένου, καὶ ὄντος ἤδη 9
τοῦ πλοὸς ἐπισφαλοῦς διὰ τὸ καὶ τὴν νηστείαν ἤδη παρεληλυθέναι, παρῄνει

31 πρασσειν cod
3 επετρεψαι cod        4 ανσχθεντες cod

216 ϛ    26 τουτων] pr τι 216 ϛ    πειθομαι] pr ου ϛ    28 Παυλον]+εφη 216 ϛ
29 Παυλος]+ειπεν 216 ϛ    ευξαμην 216*    και εγω] καγω ϛ    30 om
και ταυτα ειποντος et add δε post ανεστη 216    ειποντος]+αυτου ϛ
31 θανατου αξιον ϛ    32 εδυνατο ϛ
1 om τε 216    τινας]+ετερους ϛ    εκατονταρχη ϛ    2 om εν ϛ
Αδραμητινω 216, Αδραμυττηνω ϛ    μελλοντες πλειν ϛ    om επι ϛ
δε 2°] τε 216(?)    Θεσσαλονικεων δε Αρ. και Σεκ.] Θεσσαλονικεως ϛ    5 Κιλικιαν]
pr την 216 ϛ    om δι ημερων δεκαπεντε ϛ    6 Αλεξανδρινον 216 ϛ
om την 216    ενεβιβασεν ϛ    ημας εις αυτο 216 ϛ    7 υπεπλευσαμεν
216 ϛ    Κρητην]+ κατα Σαλμωνην 216 ϛ    8 παραγενομενοι 216
9 επισφαλους του πλοος ϛ    νηστειαν]+των Ιουδαιων λεγεσθαι 216

10 ὁ Παῦλος λέγων αὐτοῖς, Ἄνδρες, θεωρῶ ὅτι μετὰ ὕβρεως καὶ πολλῆς ζημίας
οὐ μόνον τοῦ φορτίου καὶ τοῦ πλοίου ἀλλὰ καὶ τῶν ψυχῶν ἡμῶν μέλλειν
11 ἔσεσθαι τὸν πλοῦν. ὁ δὲ ἑκατόνταρχος τῷ κυβερνήτῃ καὶ τῷ ναυκλήρῳ
12 ἐπείθετο μᾶλλον ἢ τοῖς ὑπὸ τοῦ Παύλου λεγομένοις. ἀνευθέτου δὲ τοῦ
λιμένος ὑπάρχοντος πρὸς παραχειμασίαν οἱ πλείους ἔθεντο βουλὴν ἀναχθῆ-
ναι κἀκεῖθεν, εἴπως δύναιντο καταντήσαντες εἰς Φοίνικα παραχειμάσαι,
13 λιμένα τῆς Κρήτης βλέποντα κατὰ λίβα καὶ κατὰ χῶρον. ὑποπνεύσαντος
δὲ νότου δόξαντες τῆς προθέσεως κεκρατηκέναι ἄραντες ἆσσον παρελέγοντο
14 τὴν Κρήτην. μετ᾽ οὐ πολὺ δὲ ἔβαλε κατ᾽ αὐτῆς ἄνεμος τυφωνικὸς ὁ
15 καλούμενος Εὐροκλύδων. συναρπασθέντος δὲ τοῦ πλοίου, καὶ μὴ δυναμένου
ἀντοφθαλμεῖν τῷ ἀνέμῳ, ἐπιδόντες τῷ πλέοντι καὶ συστείλαντες τὰ ἱστία
16 ἐφερόμεθα. νησίον δέ τι ὑποδραμόντες καλούμενον Κλαῦδα μόλις ἰσχύσαμεν
17 περικρατεῖς γενέσθαι τῆς σκάφης· ἣν ἄραντες βοηθείας ἐχρῶντο, ὑποζων-
νύντες τὸ πλοῖον· φοβούμενοί τε μήπως εἰς τὴν Σύρτην ἐκπέσωσι, χαλά-
18 σαντες τὸ σκεῦος, οὕτως ἐφέροντο. σφοδρῶς δὲ χειμαζομένων ἡμῶν τῇ
19 ἑξῆς ἐκβολὴν ἐποιοῦντο· καὶ τῇ τρίτῃ αὐτόχειρες τὴν σκευὴν τοῦ πλοίου
20 ἐρρίψαμεν εἰς τὴν θάλασσαν· μήτε δὲ ἡλίου μήτε ἄστρων ἐπιφαινομένων ἐπὶ
πλείονας ἡμέρας, χειμῶνός τε οὐκ ὀλίγου ἐπικειμένου, λοιπὸν περιῃρεῖτο
21 πᾶσα ἐλπὶς τοῦ σώζεσθαι ἡμᾶς. πολλῆς τε ἀσιτίας ὑπαρχούσης τότε
σταθεὶς ὁ Παῦλος ἐν μέσῳ ἡμῶν εἶπεν, Ἔδει μὲν, ὦ ἄνδρες, πειθαρχήσαντάς
μοι μὴ ἀνάγεσθαι ἀπὸ τῆς Κρήτης κερδῆσαί τε τὴν ὕβριν ταύτην καὶ τὴν
22 ζημίαν. καὶ τανῦν παραινῶ ὑμᾶς εὐθυμεῖν· ἀποβολὴ γὰρ ψυχῆς οὐδεμία
23 ἔσται ἐξ ὑμῶν πλὴν τοῦ πλοίου. παρέστη γάρ μοι ταύτῃ τῇ νυκτὶ τοῦ
24 θεοῦ οὗ εἰμί, ᾧ καὶ λατρεύω, ἄγγελος λέγων, Μὴ φοβοῦ, Παῦλε, Καίσαρί
σε δεῖ παραστῆναι· καὶ ἰδοὺ κεχάρισταί σοι ὁ θεὸς πάντας τοὺς πλέοντας
25 μετὰ σοῦ. διὸ εὐθυμεῖτε, ἄνδρες· πιστεύω γὰρ τῷ θεῷ ὅτι οὕτως ἔσται
26 καθ᾽ ὃν τρόπον λελάληταί μοι. εἰς νῆσον δέ τινα δεῖ ἡμᾶς ἐκπεσεῖν.
27 ὡς δὲ τεσσαρεσκαιδεκάτη νὺξ ἐγένετο, διαφερομένων ἡμῶν ἐν τῷ Ἀδρίᾳ,
κατὰ μέσον τῆς νυκτὸς ὑπενόουν οἱ ναῦται προσεγγίζειν τινὰ αὐτοῖς χώραν·
28 καὶ βολίσαντες εὗρον ὀργυιὰς εἴκοσι· βραχὺ δὲ διαστήσαντες καὶ πάλιν
29 βολίσαντες εὗρον ὀργυιὰς δεκαπέντε· φοβούμενοι δὲ μήπως εἰς τραχεῖς

12 Κρητης cod    16 τῆς κάφης cod    21 αναγαγεσθαι cod    29 μηπος cod

10 φορτου 216 (?) ϛ    12 κακειθεν] εκειθεν 216    15 om τω 216 ϛ
πλεοντι......ιστια ϛ    16 Κλαυδαν 216*, Κλαυδην 216ᶜᵒʳʳ ϛ    17 βοηθειαις ϛ
μηπως] μη 216 ϛ    Συρτιν ϛ    19 om την 2° 216    om εις την θαλασσαν ϛ
20 επιφαινοντων ϛ    πλειονας] πλειους 216    21 τε 1°] δε ϛ    ημων]
αυτων ϛ    22 ουδεμιας 216    23 τη νυκτι ταυτη ϛ    αγγελος ante του
θεου 216 ϛ    27 εγενετο νυξ 216    προσεγγιζειν] προσαγειν ϛ    28 om
ευρον ουργυιας εικοσι......βολισαντες 216    οργυιας (bis) ϛ    δεκαπεντε] πεντε
και δεκα 216    29 δε] τε ϛ    μηπου 216    τραχεις] καταβραχεις 216

τόπους ἐκπέσωμεν ἐκ πρύμνης ῥίψαντες ἀγκύρας τέσσαρας ηὔχοντο ἡμέραν
γενέσθαι. τῶν δὲ ναυτῶν ζητούντων ἐκφυγεῖν ἐκ τοῦ πλοίου καὶ χαλα- 30
σάντων τὴν σκάφην εἰς τὴν θάλασσαν, ὡς ἐκ πρώρας μελλόντων ἀγκύρας
ἐκτείνειν, εἶπεν ὁ Παῦλος τῷ ἑκατοντάρχῳ καὶ τοῖς στρατιώταις, Ἐὰν μὴ 31
οὗτοι ἐν τῷ πλοίῳ μείνωσιν ὑμεῖς σωθῆναι οὐ δύνασθε. τότε ἀπέκοψαν οἱ 32
στρατιῶται τὰ σχοινία τῆς σκάφης, καὶ εἴασαν αὐτὴν ἐκπεσεῖν. ἄχρις δὲ 33
οὗ ἔμελλεν ἡμέρα γίνεσθαι παρεκάλει ὁ Παῦλος πάντας μεταλαβεῖν τροφῆς
λέγων, Τεσσαρεσκαιδεκάτην σήμερον ἡμέραν προσδοκῶντες ἄσιτοι δια-
τελεῖτε, μηδὲν προσλαβόμενοι. διὸ παρακαλῶ ὑμᾶς μεταλαβεῖν τινος 34
τροφῆς· τοῦτο γὰρ πρὸς τῆς ἡμετέρας σωτηρίας ὑπάρχει· οὐδενὸς γὰρ
ὑμῶν θρὶξ τῆς κεφαλῆς πεσεῖται. εἰπὼν δὲ ταῦτα, καὶ λαβὼν ἄρτον, 35
ηὐχαρίστησε τῷ Θεῷ ἐνώπιον πάντων, καὶ κλάσας ἤρξατο ἐσθίειν ἐπιδιδοὺς
καὶ ἡμῖν. εὔθυμοι δὲ γενόμενοι πάντες καὶ αὐτοὶ μετελάμβανον τροφῆς· 36
ἦμεν δὲ ἐν τῷ πλοίῳ αἱ πᾶσαι ψυχαὶ διακόσιαι ἑβδομήκοντα ἕξ. κορεσθέντες 37/38
δὲ τροφῆς ἐκούφιζον τὸ πλοῖον, ἐκβαλλόμενοι τὸν σῖτον εἰς τὴν θάλασσαν.
ὅτε δὲ ἡμέρα ἐγένετο τὴν γῆν οὐκ ἐγίνωσκον· κόλπον δέ τινα κατενόουν 39
ἔχοντα αἰγιαλόν, εἰς ὃν ἐβουλεύσαντο εἰ δύναιντο ἐξῶσαι τὸ πλοῖον. καὶ 40
τὰς ἀγκύρας περιελόντες εἴων εἰς τὴν θάλασσαν ἅμα ἀνέντες τὰς ζευκτηρίας
τῶν πηδαλίων· καὶ ἐπάραντες τὸν ἀρτέμωνα τῇ γῇ πνεούσῃ κατεῖχον εἰς
τὸν αἰγιαλόν. περιπεσόντες δὲ εἰς τόπον διθάλασσον ἐπώκειλαν τὴν ναῦν· 41
καὶ ἡ μὲν πρώρα ἐρείσασα ἔμενεν ἀσάλευτος, ἡ δὲ πρύμνα διελύετο ὑπὸ τῆς
βίας τῶν κυμάτων. τῶν δὲ στρατιωτῶν βουλὴ ἐγένετο ἵνα τοὺς δεσμώτας 42
ἀποκτείνωσι, μήτις ἐκκολυμβήσας διαφύγῃ. ὁ δὲ ἑκατόνταρχος βουλόμενος 43
διασῶσαι τὸν Παῦλον ἐκώλυσεν αὐτοὺς τοῦ βουλήματος, ἐκέλευσε δὲ τοὺς
δυναμένους κολυμβᾶν ἀπορρίψαντας πρώτους ἐπὶ τῆς γῆς ἐξιέναι, καὶ τοὺς 44
λοιποὺς, τοὺς μὲν ἐπὶ σανίσιν, οὓς δὲ ἐπί τινων τῶν ἀπὸ τοῦ πλοίου. καὶ
οὕτως ἐγένετο πάντας διασωθῆναι ἐπὶ τῆς γῆς.

XXVIII. Καὶ διασωθέντες τότε ἐπέγνωμεν ὅτι Μελίτη ἡ νῆσος

30 θαλασαν cod   39 δυνατο cod   41 διαθαλασσον cod
1 τοτε] man. recent. add. in marg. οι περι του Παυλου εκ του πλοος

216ς   29 εκπεσωσιν 216 ς   30 φυγειν ς   ως] pr προφασει 216 ς
31 εκατονταρχη ς   μεινωσιν εν τω πλοιω ς   ου δυνασθε σωθηναι 216
32 οι στρατιωται απεκοψαν ς   33 αχρι 216 ς   ημελλεν 216   γενεσθαι 216
απαντας 216 ς   ημεραν σημερον 216   34 προσλαβειν 216 ς   om
τινος ς   υμετερας 216 ς   της κεφ.] pr εκ 216 ς   35 ευχαριστησε
216 ς   om επιδιδους και ημιν 216 ς   36 μεταλαμβανον] προσελαμβανον
216, προσελαβοντο ς   39 επεγινωσκον 216 ς   δυναιντο] δυνατον 216
40 αρτεμονα ς   om γη ς   προσπνεουση 216   41 εμεινεν ς   ελυετο
216 ς   42 διαφυγοι ς   43 δε 2°] τε ς   την γην ς   44 τους
μεν] ους μεν ς   την γην 216 ς
1 επεγνωσαν ς

2 καλεῖται. οἵ τε βάρβαροι παρεῖχον οὐ τὴν τυχοῦσαν φιλανθρωπίαν ἡμῖν·
ἅψαντες γὰρ πυρὰν προσανελάμβανον πάντας ἡμᾶς διὰ τὸν ὑετὸν τὸν
3 ἐφεστῶτα καὶ διὰ τὸ ψῦχος. συστρέψαντος δὲ τοῦ Παύλου φρυγάνων
πλῆθος καὶ ἐπιθέντος ἐπὶ τὴν πυράν, ἔχιδνα ἀπὸ τῆς θέρμης διεξελθοῦσα
4 καθήψατο τῆς χειρὸς αὐτοῦ. ὡς δὲ εἶδον οἱ βάρβαροι κρεμάμενον τὸ θηρίον
ἐκ τῆς χειρὸς αὐτοῦ, πρὸς ἀλλήλους ἔλεγον, Πάντως φονεύς ἐστιν ὁ ἄνθρωπος
5 οὗτος, ὃν διασωθέντα ἐκ τῆς θαλάσσης ἡ δίκη ζῆν οὐκ εἴασεν. ὁ μὲν οὖν
6 ἀποτειναξάμενος τὸ θηρίον εἰς τὸ πῦρ ἔπαθεν οὐδὲν κακόν. οἱ δὲ προσεδόκων
αὐτὸν μέλλειν πίμπρασθαι ἢ καταπίπτειν ἄφνω νεκρόν· ἐπὶ πολὺ δὲ αὐτῶν
προσδοκώντων καὶ θεωρούντων μηδὲν ἄτοπον εἰς αὐτὸν γενόμενον, μεταβαλ-
7 λόμενοι ἔλεγον θεὸν αὐτὸν εἶναι. ἐν δὲ τοῖς περὶ τὸν τόπον ἐκεῖνον ὑπῆρχε
χωρία τῷ πρώτῳ τῆς νήσου, ὀνόματι Ποπλίῳ, ὃς ἀναδεξάμενος ἡμᾶς ἡμέρας
8 τρεῖς φιλοφρόνως ἐξένισεν. ἐγένετο δὲ τὸν πατέρα τοῦ Ποπλίου πυρετοῖς
καὶ δυσεντερίᾳ συνεχόμενον κατακεῖσθαι· πρὸς ὃν ὁ Παῦλος εἰσελθὼν καὶ
9 προσευξάμενος ἐπιθεὶς τὰς χεῖρας αὐτῷ ἰάσατο αὐτόν. τούτου δὲ γενομένου
καὶ οἱ λοιποὶ οἱ ἔχοντες ἀσθενείας ἐν τῇ νήσῳ προσήρχοντο καὶ
10 ἐθεραπεύοντο· οἳ καὶ πολλαῖς τιμαῖς ἐτίμησαν ἡμᾶς, καὶ ἀναγομένοις
ἐπέθεντο τὰ πρὸς τὰς χρείας.
11     Μετὰ δὲ τρεῖς μῆνας ἀνήχθημεν ἐν πλοίῳ παρακεχειμακότι ἐν τῇ νήσῳ
12 Ἀλεξανδρηνῷ, παρασήμῳ Διοσκούροις· καὶ καταχθέντες εἰς Συρακούσας
13 ἐπεμείναμεν τρεῖς ἡμέρας· ὅθεν περιελθόντες κατηντήσαμεν εἰς Ῥήγιον, καὶ
μετὰ μίαν ἡμέραν ἐπιγενομένου νότου δευτεραῖοι ἤλθομεν εἰς Ποτιόλους·
14 οὗ εὑρόντες ἀδελφοὺς παρεκλήθημεν ἐπ' αὐτοῖς ἐπιμείναντες ἡμέρας ἑπτά·
15 καὶ οὕτως εἰς Ῥώμην ἤλθομεν. κἀκεῖθεν οἱ ἀδελφοὶ ἀκούσαντες τὰ περὶ
ἡμῶν ἐξῆλθον εἰς ἀπάντησιν ἡμῶν ἄχρις Ἀππίου Φόρου καὶ Τριῶν Ταβερνῶν·
οὓς ἰδὼν ὁ Παῦλος εὐχαριστήσας τῷ θεῷ ἔλαβε θάρσος.
16     Ὅτε δὲ ἤλθομεν εἰς τὴν Ῥώμην, ὁ ἑκατόνταρχος παρέδωκε τοὺς
δεσμίους τῷ στρατοπεδάρχῃ· τῷ δὲ Παύλῳ ἐπετράπη μένειν καθ' ἑαυτὸν
17 ἔξω τῆς παρεμβολῆς σὺν τῷ φυλάσσοντι αὐτὸν στρατιώτῃ. ἐγένετο δὲ μετὰ
ἡμέρας τρεῖς συγκαλέσασθαι αὐτὸν τοὺς ὄντας τῶν Ἰουδαίων πρώτους·

---

4 φονενεστιν cod     6 η] ἦν cod     10 τας προς τας χρειας cod
14 Ραμην cod

2 τε] δε ϛ     αναψαντες ϛ     προσελαβοντο ϛ     3 απο] εκ ϛ 216 ϛ
εξελθουσα 216 ϛ     καθηψατο] ενηψε 216, καθηψε ϛ     4 om εκ 216
ελεγον προς αλληλους ϛ     5 αποτιναξας ϛ     επασχεν 216     κακον]
πονηρον 216     6 θεωρησαντων 216     γινομενον 216 ϛ     μεταβαλομενοι 216
αυτον θεον ειναι 216     7 τρεις ημερας ϛ     9 δε] ουν ϛ     10 ημας]
+οσον χρονον επεδημουμεν 216     την χρειαν 216 ϛ     11 Αλεξανδρινω 216 ϛ
12 ημερας τρεις 216 ϛ     14 επιμειναι ϛ     Ρωμην] pr την ϛ     15 ημων 2°]
ημιν ϛ     Αππιου 216 ϛ     16 om την ϛ     om ο εκατ.......Παυλω 216* sed
add in mg 216ᶜᵒʳʳ     om εξω της παρεμβ. 216 ϛ     17 αυτον] τον Παυλον 216 ϛ

συνελθόντων δὲ αὐτῶν ἔλεγε πρὸς αὐτούς, Ἐγώ, ἄνδρες ἀδελφοί, οὐδὲν
ἐναντίον ποιήσας τῷ λαῷ ἢ τοῖς ἔθεσι τοῖς πατρῴοις, δέσμιος εἰς Ἱερουσαλὴμ
παρεδόθην εἰς τὰς χεῖρας τῶν Ῥωμαίων· οἵτινες πολλὰ ἀνακρίναντές με 18
ἠβούλοντο ἀπολῦσαι διὰ τὸ μηδεμίαν [αἰτίαν] θανάτου ὑπάρχειν ἐν ἐμοί.
ἀντιλεγόντων δὲ Ἰουδαίων καὶ ἐπικραζόντων, Αἶρε τὸν ἐχθρὸν ἡμῶν, ἠναγκάσθην 19
ἐπικαλέσασθαι Καίσαρα, οὐχ ὡς τοῦ ἔθνους μου ἔχων τι κατηγορῆσαι,
ἀλλ᾽ ἵνα λυτρώσωμαι τὴν ψυχήν μου ἐκ θανάτου. διὰ ταύτην οὖν τὴν αἰτίαν 20
παρεκάλεσα ὑμᾶς ἰδεῖν καὶ προσλαλῆσαι· ἕνεκεν γὰρ τῆς ἐλπίδος τοῦ
Ἰσραὴλ τὴν ἅλυσιν ταύτην περίκειμαι. οἱ δὲ πρὸς αὐτὸν εἶπον, Ἡμεῖς 21
οὔτε γράμματα περὶ σοῦ ἐδεξάμεθα ἀπὸ τῆς Ἰουδαίας, οὔτε παραγενόμενός
τις τῶν ἀδελφῶν ἀπήγγειλεν ἢ ἐλάλησέ τι περὶ σοῦ πονηρόν. ἀξιοῦμεν 22
δὲ παρὰ σοῦ ἀκοῦσαι ἃ φρονεῖς· περὶ μὲν γὰρ τῆς αἱρέσεως ταύτης
γνωστόν ἐστιν ἡμῖν ὅτι πανταχοῦ ἀντιλέγεται. ταξάμενοι δὲ αὐτῷ ἡμέραν 23
ἧκον πρὸς αὐτὸν εἰς τὴν ξενίαν πλείονες· οἷς ἐξετίθετο διαμαρτυρόμενος τὴν
βασιλείαν τοῦ θεοῦ, πείθων τε αὐτοὺς περὶ τοῦ Ἰησοῦ ἀπὸ τοῦ νόμου
Μωσέως καὶ τῶν προφητῶν ἀπὸ πρωῒ ἕως ἑσπέρας. καὶ οἱ μὲν ἐπείθοντο 24
τοῖς λεγομένοις, οἱ δὲ ἠπίστουν, ἀσύμφωνοι δὲ ὄντες πρὸς ἀλλήλους ἀπελύ- 25
οντο, εἰπόντος τοῦ Παύλου ῥῆμα ἓν ὅτι Καλῶς τὸ πνεῦμα τὸ ἅγιον ἐλάλησε
διὰ Ἡσαΐου τοῦ προφήτου πρὸς τοὺς πατέρας ἡμῶν λέγον, Πορεύθητι πρὸς 26
τὸν λαὸν τοῦτον καὶ εἰπέ, Ἀκοῇ ἀκούσετε καὶ οὐ μὴ συνῆτε, καὶ βλέποντες
βλέψετε καὶ οὐ μὴ ἴδητε. ἐπαχύνθη γὰρ ἡ καρδία τοῦ λαοῦ τούτου, καὶ 27
τοῖς ὠσὶ βαρέως ἤκουσαν, καὶ τοὺς ὀφθαλμοὺς αὐτῶν ἐκάμμυσαν· μήποτε
ἴδωσι τοῖς ὀφθαλμοῖς, καὶ τοῖς ὠσὶν ἀκούσωσι, καὶ τῇ καρδίᾳ συνίωσι, καὶ
ἐπιστρέψωσι, καὶ ἰάσομαι αὐτούς. γνωστὸν οὖν ἔστω ὑμῖν ὅτι τοῖς ἔθνεσιν 28
ἀπεστάλη τὸ σωτήριον τοῦ θεοῦ· αὐτοὶ καὶ ἀκούσονται. καὶ ταῦτα αὐτοῦ 29
εἰπόντος ἀπῆλθον οἱ Ἰουδαῖοι, πολλὴν ἔχοντες ἐν ἑαυτοῖς συζήτησιν.

Ἐπέμεινεν οὖν διετίαν ὅλην ἐν ἰδίῳ μισθώματι, καὶ ἀπεδέχετο πάντας 30
τοὺς εἰσπορευομένους πρὸς αὐτὸν Ἰουδαίους τε καὶ Ἕλληνας, κηρύσσων τὴν 31
βασιλείαν τοῦ θεοῦ, καὶ διδάσκων τὰ περὶ τοῦ κυρίου Ἰησοῦ μετὰ πάσης
παρρησίας ἀκωλύτως. Ἀμήν.

17 παρεδωθην cod       18 om αιτιαν cod ex homoeotel.       31 του
κυριου] κῡ κυριου cod

216 ς       17 Ανδρες αδελφοι εγω ς       εις Ιλημ] εν Ιλημ 216, εξ Ιεροσολυμων ς
18 om πολλα ς       εβουλοντο 216 ς       19 Ιουδαιων] pr των ς
om και επικρ.......ημων ς       λυτρωσομαι 216       om αλλ ινα......θανατου ς
23 περι] pr τα ς       απο 1°]+τε 216 ς       27 συνωσι 216 ς       ιασωμαι
216 ς       28 το σ.] pr τουτο 216       30 Επεμεινεν ουν] Εμεινε δε ο Παυλος ς
om Ιουδαιους τε και Ελληνας ς       31 Ιησου]+Χριστου ς       om πασης 216
om Αμην ς

# APPENDIX I.

COLLATION OF CODD. ACT. 180 224 WITH THE TEXTUS RECEPTUS
AS PRINTED IN DR SCRIVENER'S NOVUM TESTAMENTUM
GRAECE, EDITIO MAJOR, CAMBRIDGE 1891.

A.  Collation of 180 for Act. x—xxviii (the collation of
cc. i—ix has been given above).

X 3 ωσει]+περι    ενατην    5 ανδρας εις ιοππην    6 om ουτος
λαλησει......ποιειν    7 τω Κορν.] αυτω    om των 2°    8 om την
9 εκεινων] αυτων    εκτην] εννατην    10 εκεινων] αυτων    επεπεσεν]
εγενετο    11 om επ αυτον    om δεδεμενον και    καθιεμενην    12 om
και τα θηρια    14 om παν    15 παλιν φωνη    εκαθαιρισε    16 τρις] τρεις
παλιν] ευθεως    17 Σιμωνος] pr του    19 το πνευμα αυτω    20 διοτι] οτι
21 Πετρος] pr ο    om τους απεσταλ. απο του Κορν. προς αυτον    22 αγιου
αγγελου    23 επαυριον]+αναστας    om της    24 τη δε επαυριον
25 εισελθειν] pr του    26 ηγειρεν αυτον    27 ομιλων    28 αθεμητον
καμοι    29 αναντηρρητως    30 ενατην    προσευχομενος] pr ημην
32 εν οικια Σιμ. βυρσ.] παρα τινι Σιμωνι βυρσει    om ος παραγενομενος
λαλησει σοι    33 θυ 2°] κυ    37 το ρημα το γενομενον    39 om
εσμεν    om τε    ον]+και    ανειλαν    40 ηγειρεν    43 ονοματος] αιματος
44 επεσε    46 om ο    47 δυναται τις κωλυσαι    om μη    καθως] ως
48 τε] δε    του κυ] ιυ χυ

XI 2 και οτε] οτε δε    3 οτι εισηλθεν προς ανδρας ακροβ. εχ. και συνε-
φαγεν αυτοις    4 om ο    7 ηκουσα δε] και ηκουσα    8 om παν
9 om μοι    εκ δευτερου φωνη    10 ανεσπασθη παλιν    12 διακρινοντα
13 τε] δε    om ανδρας    15 τω] το    16 κυ] pr του    17 om δε
18 εδοξασαν    εις ζωην εδωκεν    19 διηλθομεν    20 ελθοντες
21 πιστευσας] pr ο    επι] προς    22 της]+ουσης    ιλημ    25 om
ο Βαρναβας    26 om αυτον (bis)    αυτους] αυτοις    πρωτως    28 εις] τις
29 ευπορειτο

XII 2 Ιω    3 και ιδων] ιδων δε    ημεραι] pr αι    6 προαγαγειν αυτον
7 εξεπεσαν    8 τε] δε    ζωσαι    ουτως    9 om αυτω    γενομενον

δε] γαρ    10 ηνοιγη    εισελθοντες    11 εν εαυτω γενομενος    κ͞ς] ο θ͞ς
εξειλατο    om της    12 τε] δε    συνοιθροισμενοι    13 θυρα    υπακουσαι
παιδισκη    Ροδη (sed in marg eadem manu Ροδη)    15 δε (pro δ')
17 εκ] απο    Ιακωβω] pr τω    18 ουκ ολιγος] μεγας    19 om την
23 αυτον επαταξεν    25 εξ] απο    om και 2⁰    επικαλουμενον

XIII 1 επικαλουμενος    2 om τε    om τον 2⁰    4 ουτοι] αυτοι
om ουν    προεκπεμφθεντες    του αγιου πνευματος    κατειλθον    om την 1⁰
εκειθεν] κακειθεν    om την 2⁰    6 την νησον] pr ολην    ευρον]+εκει ανδρα
ω ονομα Βαριησους] ονοματι Βαριησουν    8 ουτως    9 om και 2⁰
11 om του    13 om τον    αναχωρησας    14 συναγωγην]+των Ιου-
δαιων    15 ει]+τις    εν υμιν λογος    19 κατεκληρονομησεν    om αυτων
20 και μετα ταυτα post πεντηκοντα    22 της καρδιας    25 om ο
αξιος] ικανος    26 ο λογος]+ουτος    om ταυτης    εξαπεσταλη    27 om εν
29 παντα    31 οιτινες]+νυν    32 γενομενην επαγγελιαν    33 γε-
γραπται τω δευτερω    37 ηγειρεν]+εκ νεκρων    38 τουτου] τουτο
39 om τω    Μωϋσεος    40 om εφ υμας    42 εξιοντων δε αυτων εις το
μεταξυ σαββατον παρεκαλουν λαληθηναι    43 αυτους] αυτον    προσμενειν
44 δε] τε    θ͞υ] κ͞υ    45 om αντιλεγοντες και    46 δε 1⁰] τε    om δε 2⁰
47 ουτως    48 κ͞υ] θ͞υ (sed in marg eodem atramento κ͞υ)    50 om και 1⁰
51 om αυτων    52 δε] τε

XIV 2 απειθησαντες    3 παρησιαζομενοι    om επι    om και 1⁰
διδουντι    8 om υπαρχων    περιεπατησεν    9 ηκουσε    εχει πιστιν
10 φωνη]+σοι λεγω εν τω ονοματι του κ͞υ ι͞υ    ηλατο    11 δε] τε    om ο
ante Παυλος    12 εκαλουν] ελαλουν    om μεν    13 δε] τε    om αυτων
14 εξεπηδησαν    15 επι θ͞υ ζωντα    17 αγαθουργων    ημιν] υμιν    ημων]
υμων    18 αυτοις]+αλλα πορευεσθαι εκαστον εις τα ιδια    19 διατριβοντων
δε αυτων και διδασκοντων επηλθον οι απο Αντ.    Ικονιου]+και    πεισαντες τους
οχλους] διαλεγομενων αυτων παρρησια ανεπεισαν τους οχλους αποστηναι απ
αυτων λεγοντες οτι Ουδεν αληθες λεγουσιν αλλα παντα ψευδονται    λιθοβολη-
σαντες    εσυραν    νομησαντες    τεθνηκεναι    20 των μαθητων αυτον
21 Ικον.] pr εις    Αντ.] pr εις    23 κατ εκκλησιαν πρεσβυτερους    24 Παμφ.]
pr την    25 Ατταλιαν    27 ανηγγειλον    ο θ͞ς εποιησε    28 om εκει
XV 1 περιτμηθητε    τω ηθει τω Μωϋσεος    δυνησεσθε    2 ουν] δε
ζητησεως    πρεσβ.] pr τους    3 την 1⁰]+τε    4 υπεδεχθησαν    υπο] απο
5 Μωϋσεος    7 ζητησεως    εν υμιν εξελεξατο ο θ͞ς    11 κ͞υ] pr του
12 σημεια]+τε    14 om επι    15 τουτω] τουτο    18 om εστι τω
θ͞ω......αυτου    20 αλλ    om απο    21 Μωϋσης    22 om τω
καλουμενον    28 om τουτων    30 κατηλθον    33 αποστολους]
αποστειλαντας αυτους    36 προς τον Βαρναβαν ο Παυλος    ημων] τους
κατηγγειλαμεν] εκηρυξαμεν    37 εβουλετο    τον 1⁰] και    ι͞ω    38 συμπα-
ραλαμβανειν    39 χωρισθηναι
XVI 1 δε]+και    om τινος    3 απαντες οτι Ελλην ο πατηρ αυτου
υπηρχεν    4 om των 2⁰    Ιεροσολυμοις    6 διελθοντες] διηλθον
7 ελθοντες]+δε    κατα] εις    πορευθηναι    π͞ν͞α]+ι͞υ    9 ανηρ Μακεδων
ην εστως και παρακαλων    10 om την    κ͞ς] θ͞ς    11 om της    τε] δε

12 εκειθεν τε] κακειθεν εις] ως om της 2° κολωνεια 13 προσευχην
14 ηνοιξε 15 εβαπτισθη]+αυτη 16 προσευχην] pr την υπαντησαι
17 κατακολουθουσα 18 om τω 2° 23 παραγγειλας 24 ειληφως] λαβων
εισφαλισατο p. m. 26 ηνεωχθησαν τε] δε 28 ο Παυλος φωνη μεγαλη
30 εφη] ειπε δει με 31 ο οικος] pr πας 32 και 2°] συν 34 τε]
δε om αυτου πανοικει 36 om τουτους 38 απηγγειλαν και
εφοβ.] εφοβηθησαν δε 39 εξελθειν] απελθειν απο 40 εις] προς
    XVII 1 Απολλ.] pr την om η 2 διελεχθη 3 εδει τον χν
ις ο χς 4 om Ελληνων πληθος πολυ 5 om απειθουντες ανδρας
τινας επιστ. τε] και επισταντες Ιασωνος προαγαγειν 6 Ιασωνα
οικουμενην]+οληην 7 πρασσουσι ετερον λεγοντες ειναι 9 Ιασωνος
10 om της 11 om το εχει 13 σαλευοντες] και ταρασσοντες
14 om τοτε τον]+τε om ως υπεμεινον τε 15 αποκαθιστωντες
Τιμοθεον] pr τον 16 θεωρουντος 18 Επικουριων om των 2° συνε-
βαλον καταγγελευς δοκει ειναι om αυτοις 19 τε] δε 20 τι αν
θελοι] τινα θελει 22 εφη] ειπεν 24 υπαρχων κς 25 ανθρωπων]
ανθρωπινων κατα] και τα 26 παντος προσωπου προστεταγμενους
27 κυ] θυ ψηλαφησειεν και] η καιτοιγε] καιγε υμων 30 πασι]
παντας 31 διοτι] καθο 32 περι τουτου παλιν
    XVIII 2 τεταχεναι εκ] απο 3 παρ αυτοις] προς αυτους ηργαζετο
5 διαμαρτυραμενος τον χυ] pr ειναι 6 ανθισταμενων τα ιματια] pr
αυτου τας κεφαλας 9 εν νυκτι δι οραματος 10 μοι πολυς εστιν
11 τε] δε 12 ανθυπατου οντος 14 ει μεν ουν αδικημα p.m., sed postea
ου in η mutatum est 15 om εγω 17 Ελληνες] Ιουδαιοι εμελλεν
18 εν Κεγχρεαις την κεφαλην 20 αυτων p.m., sed ω in ο mutatum est, for-
san ipsa p.m. om παρ αυτοις 21 αποταξαμενος αυτοις και ειπων Παλιν
ανακαμψω om και ante ανηχθη 23 Φρυγιαν] pr την om παντας
24 Απελλης 25 την οδον] τον λογον κυ 2°] ιυ ιω 26 την οδον
του θεου 27 βουλαμενου δε] τε
    XIX 1 Απελλην sine dubio p.m. sed mutauit corr ser in Απολλω ευρειν
2 ειπε]+τε προς αυτον ειπον 3 om προς αυτους ιωϩ 4 Παυλος] pr ο
om μεν 6 επροφητευον 7 δωδεκα 8 om επι 10 om Ιησου
Ιδαιους 11 τε] δε ο θς εποιει 12 αποφερεσθαι εξερχεσθαι] εκ-
πορευεσθαι om απ αυτων 13 απο] και εξορκιζομεν om ο
14 ησαν δε τινος Σκευα Ιουδαιου αρχιερεως επτα υιοι οι 15 ειπεν αυτοις
16 ο ανθρωπος επ αυτους κατακυρ. αυτων] κρατησας αμφοτερων 18 τε]
δε 19 εισενεγκαντες 20 ουτως 21 διεθων 22 om την 1°
24 τεχνηταις ουκ ολιγην εργασιαν 25 ημων] ημιν 26 αλλα]+και
27 μελλει om δε και της μεγαλειοτητος 28 πληρς 29 ολη η πολις
της συγχησεως Μακεδονα om του 32 ενεκα 35 τον οχλον ο
γραμματευς ανθρωπων ουκ επιγινωσκει Εφεσιων] pr των om θεας
36 πρασσειν 37 θεον ημων 38 εχουσι προς τινα λογον 39 περι
ετερων] περαιτερω ζητειτε 40 δουναι της 2°] pr περι
    XX 1 προσκαλ.] μεταπεμψαμενος και ασπας.] και παρακαλεσας ασπα-
σαμενος τε πορευεσθαι om την 3 επιβουλης αυτω γνωμης om του

4 Σωπατρος]+Πυρρου Βεροιαιος 5 προσελθοντες 6 αχρι 7 των μαθητων] ημων om του μελλων]+δε τε] δε 8 ησαν 2°] ημεν καθημενος] καθεζομενος 10 συμπεριλαβων]+αυτον 13 ουτως ην διατεταγ.] εντεταλμενος ην 14 Μητυλινην 15 αντικρυς om και μειναντες εν Τρωγ. τη δε εχομ. 16 κεκρεικει ην] ειη 19 om πολλων 21 διαμαρτυραμενος 22 δεδεμενος εγω συναντησοντα] συμβησομενα 23 διαμαρτυρεται]+μοι λεγων με post θλιψεις 24 λογου om ουδε εχω om μου 2° 25 om ιδου εγω om του θεου 26 εγω] ειμι om του sed add in marg p.m. 28 om ουν θυ̅] κυ̅ του αιματος του ιδιου 29 om γαρ om τουτο μετα την αφιξιν μου εισελευσονται 32 οικοδομησαι κληρον.] pr την 34 om δε 35 παντα] pr και ουτως μαλλον διδοναι 36 om αυτοις 37 κλαυθμος εγενετο om του

XXI 1 Κω 3 αναφανεντες om και κατηχθημεν εις Τυρον 4 και ανευροντες] ανευροντες δε εμειναμεν Ιεροσολυμα 5 προπεμποντων] +δε 5, 6 προσευξαμενοι ησπασαμεθα 6 αλληλους]+και ανεβημεν δε] τε 8 om οι περι τον Παυλον ηλθον] ηλθομεν om του 2° 9 παρθενοι θυγατερες τεσσαρες 11 om τε εαυτου τους ποδας και τας χειρας om ταδε......αγιον sed add in marg p.m. ut uid ουτως παραδωσουσιν] +αυτον 12 ι̅λη̅μ̅]+τοτε 13 Παυλος]+και ειπε 14 του κυ̅ το θελημα 15 επισκευασαμενοι 17 απεδεξαντο 18 τε] δε 19 ασπασαμενοι 20 κυ̅] θυ̅ ειπον τε] και ειπον Ιουδαιων] εν τοις Ιουδαιοις 21 Μωϋσεος 22 om δει πληθος συνελθειν et γαρ εληλυθες 24 γνωσονται ων] pr περι φυλασσων τον νομον 25 om το 2° 27 θεασαμενοι αυτον εν τω ιερω οι απο της Ασιας Ιουδαιοι συνεχεαν επ αυτον τας χειρας 28 πανταχη 33 om αν 34 εβοων] επεφωνουν 36 κραζοντες 37 μελλον τε] δε λεγει] ειπε 38 τετρασκισχιλιους 39 ασιμου 40 κατεσισε

XXII 1 om μου νυνι 2 προσεφωνησεν προσεσχον 3 om μεν γεγενημενος 4 φυλακην 5 om ο 7 επεσα 12 ευσεβης] ευλαβης κατοικουντων]+εν Δαμασκω 14 προεχειρησατο 15 ων]+τε 16 του κυριου] αυτου 18 ιδειν] ειδον om την 20 εξεχυνετο 22 αυτων την φωνην καθηκεν 24 εκελευσεν ο χιλιαρχος εισαγεσθαι αυτον εις επεφωνουν ουτως 25 προετειναν 26 τω χιλιαρχω απηγγειλε om ορα 27 om ει ante συ 28 om τε 29 αυτον ην δεδωκως 30 παρα] υπο om απο των δεσμων συνελθειν ολον] παν om αυτων

XXIII 1 om ο 2 επεταξε] εκελευσε om αυτου 6 εκραζεν 8 μηδε] μητε 9 οι γραμματεις] τινες των γραμματεων 10 ευλαβηθεις] φοβηθεις 11 om Παυλε ουτως 12 ποιησαντες συστροφην οι Ιουδαιοι 13 ποιησαμενοι 15 om αυριον καταγαγη αυτον ακριβεστερον διαγινωσκειν 16 την ενεδραν 17 εφη] ειπε 18 νεανισκον 20 τον Παυλον καταγαγης εις το συνεδριον μελλοντων 23 στρατιωτας εως] μεχρι 24 ινα] οπως Φιληκα 26 Φιληκι 27 om αυτον 28 δε] τε επιγνωναι 29 εχοντα εγκλημα 30 om εις τον ανδρα μελλειν om υπο των Ιουδαιων 31 om της Αντιπατριδα] πρι̅δα 33 ελθοντες

τω ηγεμονι την επιστολην   34 om ο ηγεμων   πειθομενος   35 om του
φυλασεσθαι
    XXIV 1 των πρεσβ.] πρεσβυτερων τινων   Τερτυλου   2 Τερτυλος
3 κατορθ.] διορθωματων πολλων   παντη] παντι   Φιληξ   4 εκκοπτω
παρακαλω συντομως ακουσαι ημων   5 στασεις τοις 2°] της   6 επειρασαι
κριναι   8 κελευσας] κελευσασθαι επι σε παραγγειλας και (sed κελευ in rasura
scriptum est) τοις κατηγοροις   om αυτου   σε] σοι   ου] ων   9 συνεπε-
σθεντο   10 om ο   κριτην]+δικαιον   ευθυμως   11 επιγνωναι
om η   εν] εις   13 με] σοι   14 ουτως   και]+τοις εν   15 om τον
16 δε] και   εχων   17 παρεγενομην post μου   18 οις] αις   δε]+των
Ιουδαιων   19 εδει   20 om ει   21 εν αυτοις εστως   σημερον κρινομαι
υμας   22 Φιληξ   23 om τε 1°   τον Παυλον] αυτον   24 Φιληξ
γυναικι] pr ιδια et om αυτου   25 του μελλοντος κριματος et om εσεσθαι
Φιληξ εχον] εχων   26 om δε   ωμιλει] διελεγετο   27 Φιληξ (bis)
    XXV 1 Φηστον   2 οι αρχιερεις   3 κατ] παρ   ανελειν] pr του
4 Inter απεκριθη et τηρεισθαι rasura est quinque vel sex litterarum   5 οι
ουν εν υμιν φησι δυνατοι   τουτω]+ατοπον   κατηγορητωσαν   6 ημερας
ου πλειους η η ι   κατεβη   Καισαρ.]+και   7 περιεστησαν]+αυτον
αιτιωματα   8 απολογουμενου]+δε   9 om δε   θελων τοις Ιουδαιοις
επ] υπ   11 γαρ] ουν   το] του   αυτοις] τουτοις   12 επι] προς
13 ασπασαμενοι   14 Φιληκος   16 εχει   17 ενθαδε αυτων
18 εφερον   ων εγω υπενοουν πονηραν   20 τουτου] τουτων   Ιεροσολυμα
21 αναπεμψω   22 φησιν Αυριον   23 εισελθοντες   om εις   24 απαν
αυτον ζην   25 τουτου] τουτο   om αυτου 2°   26 κυριω]+μου   γινομενης
    XXVI 1 υπερ] περι   εκτεινας την χειρα απελογειτο ουτως   2 επι σου
μελλον σημερον απολογεισθαι   3 μαλιστα]+επισταμενος   σε οντα   om σου
4 om την 2°   6 πατερας]+ημων   7 εκτενια   υπο Ιουδαιων βασιλευ
et om Αγριππα   8 ημιν   10 πολλους]+δε   φυλακαις] pr εν
12 om και 1°   om της   14 δε] τε   λαλουσαν] λεγουσαν   om και
λεγουσαν   15 ο δε]+κς̄   16 αλλ   17 σε] σοι   om και
18 νυν] εγω   εξαποστελω σε   σκοτους] pr του   και 1°]+απο   πιστει] pr τη
20 απηγγειλον   θν̄] pr ζωντα   21 om με   συλλαβ.]+οντα   22 παρα] απο
μαρτυρομενος   Μωϋσης   24 φησι   μαινει   25 ο δε]+Παυλος
αλλα σωφροσυνης και αληθειας   26 om τι   om ου 1°   ουδεν πειθομαι
ου 2°] ουδε   29 εφη   30 ανεστη]+τε   31 αξιον θανατου
32 ηδυνατο   επικεκλητο
    XXVII 2 Ατραμυττηνω   μελλοντι   πλειν]+επι   3 φιλους] pr τους
πορευθεντι   6 κακεισε   εκατονταρχης   πλεων   om την   ανεβιβασεν
8 Λασια   10 υβεως p.m.   φορτιου   11 εκατονταρχης   κυβερνιτη
μαλλον επειθετο   12 εκειθεν   16 om καλουμενον   17 βοηθειας
συρτην   εφερομεθα   19 ερριψαν   20 τε] δε   21 δε] τε   22 ουδεμιας
23 ταυτη τη νυκτι   αγγελος post λατρευω   om και   27 Ανδρια
28 βολησαντες (bis)   29 om τε   εκπεσωμεν   ημερα   30 om ως
αγκυρας μελλοντων   32 απεκοψαν οι στρατιωται   33 ημερα ημελλεν
επιτελειτε προσδοκωντες και ασιτοι διαμενετε μηδεν προσλαβομενοι   34 μετα-

λαβειν    την υμετεραν σωτηριαν    εκ] απο    πεσειται] απολειται    37 αι
πασαι ψυχαι εν τω πλοιω    39 εβουλευοντο    δυναιντο] δυνατον
40 αρτεμωνα    41 ναυ    εμενεν    42 διαφυγη    43 εκατονταρχης
XXVIII 1 om τοτε    3 φυγανων    εκ] απο    καθηψατο    4 προς
αλληλους ελεγον    5 αποτιναξαμενος    6 προσεδοκουν    αυτου θῡ
7 om τοις    8 αυτω] αυτου    11 Διοσκουριοις    13 επιγινομενου
14 επ] παρ    15 ημιν] ημων    17 τον Παυλον] αυτον    εγω]+δε
20 ενεκε    22 ακουσαι παρα σου    ημιν εστιν    23 om αυτω    ηλθον
εις την ξενιαν προς αυτον    om τα    Μωυσεος    24 οι μεν]+αυτων
25 δε] τε    26 λεγῦν    ειπε] ειπον    27 ωσιν]+αυτων    ιασομαι
28 υμιν εστω    απεσταλει    το σωτ.] pr τουτο    30 υπεδεχετο
31 ακωλυτως]+αμην


B. Collation of 224 for Act. I—XXVIII.

Inscript. Πραξεις των Αποστολων.

I 13 pr και ante Φιλιππος, Βαρθ. et Ιακ. 2°    14 γυναιξι] pr ταις    om
συν 2°    15 τε] δε    16 δαδ̄ (et passim)    18 om του    ελακισε
21 ῑσ̄]+χσ̄    23 Ιωσην τον επικαλουμενον    24 ον εξελεξω ante εκ τουτων
II 1 παντες    4 επλησθησαν] επληρωθησαν    5 ανδρες Ιουδαιοι
6 ηκοον    εκαστος]+αυτων    7 om λεγοντες    9 κατηκουντες corr
13 διαχλευαζοντες    14 Πετρος] pr o    20 om η post πριν    21 επι-
καλεσεται corr    22 ημας    ημων    23 χειρος    26 ηυφρανθη
30 ιδως    αυτω ωμοσεν    καθισαι] pr και    31 ουκ εγκατελειφθη εις αδου
η ψυχη αυτου    33 του πῡς του αγιου    υμεις post ακουετε    36 αυτον και χῡ
37 ειπον τε] ειποντες    38 Ιησου] pr του κῡ ημων    41 υποδεξαμενοι
εβαπτισθησαν τη ημερα εκεινη και προσετεθησαν    43 εγινετο    44 αποστο-
λων] pr χειρων των
III 2 λεγομενην] καλουμενην    3 om λαβειν    7 om αυτον
ηγειρεν]+αυτον    8 περιπατων εις το ιερον    9 ειδε πας ο λαος αυτον
11 του ιαθεντος χωλου] αυτου    om τον    Σολομωνος    13 υμεις]+μεν
18 αυτου post χῡ ῡ    ουτως    20 προκεχειρισμενον    χῡ ῑῡ    21 παντων]
+των    απ αιωνος] pr των    22 om γαρ    ειπε προς τους πατερας
υμων 1°] ημων    24 κατηγγειλαν    25 τω σπερμ.] pr εν    26 om αυτον
IV 1 λαον]+τα ρηματα ταυτα    2 την εκ] των    4 ωσει] ως
5 πρεσβ.] pr τους    γραμμ.] pr τους    9 ανακρινομεθα]+υφ υμων
10 εστηκεν    11 εξουδενωθεις    οικοδομων    12 ετερον εστι το δεδομενον
τοις ανθρωποις υπο τον ουρανον    14 δε] τε    15 εξω του συνεδριου αυτους
συνεβαλλον    16 αρνεισθαι    18 om αυτοις    19 ειπον προς αυτους
21 κολασονται    22 ο αν̄ο̄ς̄ τεσσαρακοντα    25 om του    27 αληθειας]+εν
τη πολει ταυτη    29 επειδε    33 δυναμει μεγαλη    36 μεθερμηνευομενος
V 1 ονοματι Ανανιας    2 om αυτου    3 Πετρος]+προς αυτον
Ανανιας ut uid    4 εν 1°] επι    8 om δε αυτη    10 αυτου] των αποστολων
12 Σολομωντος] του Σολομωνος    13 δε] τε    15 κατα] εις    κλιναριων

επισκιασει    22 παραγενομενοι]+ανοιξαντες την φυλακην    23 om μεν
om εξω    εσω] εσωθεν    24 διηπορουντο    25 om λεγων    26 om ινα
29 om ο    32 ημεις εν αυτω εσμεν μαρτυρες    om δε    om ο post αγιον
33 ακουσαντες]+τα ρηματα ταυτα    εβουλοντο    34 Φαρισσαιος    om τι
36 προσεκληθη    39 δυνησεσθε    αυτο] αυτους· ουτε υμεις ουτε βασιλεις ουτε
τυραννοι· αποσχεσθε ουν απο των ανδρων τουτων    40 λαλειν επι] διδασκειν εν
41 ουν]+αποστολοι    κατηξιωθησαν υπερ του ονοματος του θυ̅    42 τον χυ̅ ιυ̅
VI 3 καταστησωμεν    4 προσκαρτερησωμεν    5 Τιμονα    7 υπηκουσε
8 πιστεως] χαριτος    οιn μεγαλα    λαω]+δια του ονοματος του κυ̅ ιυ̅ χυ̅
13 λαλων] λεγων    om τουτου    14 Μωσης    15 παντες
VII 1 om ει αρα    2 ακουσατε]+μου    om οντι    3 συγκενειας
4 κατοικειτε]+και οι π̅ρ̅ε̅ς̅ υμων προ υμων    5 δουναι αυτω    αυτον] αυτου
αυτω] αυτου    6 τριακοσια    7 ω] ο    8 ουτως] in marg eadem
manu γράφε οὗτος ut uid    9 απεδοντο]+αυτον    10 ολον] pr εφ
11 om την    12 σιτια    15 κατεβη δε] και κατεβη    16 ο] ω    του] εν
17 ωμωσεν    18 ετερος]+επ Αιγυπτον    19 οιn τα    20 Μωυσης
om αυτου    21 om αυτον 2°    22 Μωυσης    om εν 2°    εργοις]+αυτου
26 om υμεις    29 Μωυσης    31 Μωυσης    εθαυμαζε    32 Μωυσης
36 εν Αιγυπτω    37 om ο 1°    om υμων 1°    40 Μωυσης    43 Ρεφαν
Βαβυλωνος]+λεγει κ̅ς̅ ο θ̅ς̅ ο παντοκρατωρ ονομα αυτω    44 Μωυση    48 οm
ναοις    καθως]+και    49 οικοδομησατε    51 ταις καρδιαις    52 εγενεσθε
54 ακουσαντες    55 om και Ιησουν...θεου ex homoeotel.

VIII 1 τε] δε    2 συνεκομισαντο    εποιησαν    7 φωνη μεγαλη
εξηρχοντο    12 om του 3°    13 δυναμεις μεγαλας και σημεια γινομενα
14 om τον 2°    16 ουδεπω    17 επετιθεσαν    21 ενωπιον] εναντιον
24 ειπε]+Παρακαλω    25 υπεστρεφον    ευηγγελιζοντο    28 om και 2°
33 om αυτου 1°    36 ηλθον] εισηλθον    37 ο Φιλιππος] αυτω    καρδιας]
+σου    om τον 2°    39 πνευμα]+αγιον επεπεσεν επι τον ευνουχον αγγελος δε
IX 3 πορευεσθαι]+αυτον    αυτο] εκ    5, 6 om σκληρον σοι...προς αυτον
6 αναστηθι] pr αλλα    λαληθησεται] pr εκει    τι] οτι    7 ενεοι    8 δε 2°] τε
ουδεν    13 om ο    om απο    15 εθνων]+τε    17 απηλθε δε
Αναν.] τοτε εγερθεις Ανανιας απηλθε    19 om ο Σαυλος    20 χυ̅] ιυ̅
24 επιβολη    παρετηρουντο δε και    28 εν] εις    om Ιησου    30 Καισα-
οειαν]+νυκτος    33 Αινεα    36 Ταβηθα    37 υπερωω] pr τω
39 Πετρος] pr ο    περιεστησαν    40 Ταβηθα
X 3 ωσει]+περι    5 τον επικαλουμενον Πετρον    6 om ουτος
λαλησει...ποιειν    7 τω Κορν.] αυτω    9 εκεινων] αυτων    11 om επ
αυτον    17 om του    19 διενθυμουμενου    20 αλλ    διοτι] οτι
21 Πετρος] pr ο    απο] υπο    om του    om προς αυτον    23 επαυριον]
+αναστας    om της    25 εισελθειν] pr του    26 ηγειρεν αυτον    και
γαρ αυτος εγω    30 λαμπρα] λευκη    31 εμνησθησαν] ανεβησαν
32 Σιμωνος]+τινος    33 om του 2°    36 ειρηνην] pr εις    42 αυτος] ουτος
44 ετι]+δε    47 δυναται κωλυσαι
XI 4 λεγων καθεξης    8 παν κοινον] κοινον τι    11 προς με] εις εμε
12 την οικιαν    13 αγγελον]+του θυ̅    15 τω] το    16 κυριου] pr του

ελεγεν]+οτι   17 om δε   18 ταυτα] παντα   εδοξασαν   20 ελθοντες
21 αυτων]+του ιασθαι αυτους   26 om αυτον 2°   αυτους] αυτοις   πρωτως
28 μεγαν] μεγαλην   om μελλειν   ητις   29 ευπορειτο
   XII 3 και ιδων] ιδων δε   ημεραι] pr αι   4 τετρασι   7 πατα-
ξαντος   εξεπεσον] pr παραχρημα   8 τε] δε   ουτως   14 ηνοιξεν]
+αυτω   δε (ante ελεγον)   17 om αυτοις   εξηγαγεν αυτον   19 δε] τε
διετριβε   20 Σιδονιοις   21 om ο   23 om την   25 ιλημ]+εις
Αντιοχειαν   om και 2°
   XIII 2 om τον 2°   3 αυτοις τας χειρας   4 ουτοι] αυτοι   5 κατ-
ηγγελον   6 την νησον] pr οληv   τινα] pr ανδρα   8 ουτως   ερμηνευεται
11 om του   15 ει]+τις   23 σπερμαστος   ηγειρε] ηγαγε   25 ποδων]
+αυτου   26 εξαπεσταλη   27 om εν   29 παντα   31 οιτινες]
+αχρι νυν   μαρτυρες] μαρτυρουντες   33 τω δευτερω ψαλμω   39 Μωυσεος
41 θαυμασατε]+και επιβλεψατε   ω] ο   42 εκ της συν. των Ιουδ.] αυτων
om τα εθνη   43 προσμενειν   44 θυ] κυ   46 om ο 2°   om πρωτον
47 ουτως   48 τον λογον του κυ] τον θυ   επιστευσαν]+τω λογω του κυ
50 om τον 2°   απο εκ   52 δε] τε
   XIV 1 om τε   9 ηκουσε   λαλουντος] λεγοντος   10 φωνη]+σοι
λεγω εν τω ονοματι του κυ ιυ χυ   ηλατο   11 αυτων την φωνην   13 ηθελον
14 εξεπηδησαν   17 ημιν] υμιν   om διδους   19 Διατριβοντων δε
αυτων και διδασκοντων επηλθον δε   Ιουδαιοι]+και διαλεγομενων αυτων παρρησια
ανεπεισαν τους οχλους απ αυτων λεγοντες οτι ουδεν αληθες λεγουσιν αλλα
ψευδονται παντα   20 των μαθητων αυτου (inter τ et ο exstat rasura)
21 om την 2°   Αντ.] pr εις   22 παρακαλ.] pr και   25 Αταλειαν
28 συν τοις μαθ.] μετα των μαθητων
   XV 1 περιτεμησθε Μωυσεος   2 ουν] δε   ζητησεως   3 Σαμαρ.] pr την
5 Μωυσεος   7 ζητησεως   9 ουθεν   11 κυ] pr του   12 om
σημεια και τερατα εν τοις εθνεσι   14 om επι   18 om εστι τω θω παντα
τα εργα αυτου   20 αλλ   21 Μωυσης   22 om τω   Βαρσαββαν
28 υμιν] ημιν   34 om hunc versum
   XVI 4 om των 2°   5 εκκλησιαι   7 ελθοντες] διελθοντες
12 κολωνεια   ταυτη τη] τη αυτη   14 πορφυροπολις   22 τα ιματια αυτων
εκελευσαν   31 om χυ   34 om αυτου   ηγαλλιατο   37 δηραντες
αλλ   om ημας 3°   40 εις] προς
   XVII 3 παρατιθεμενος]+αυτοις   ουτος] αυτος   5 ζηλωσαντες δε......
προσλαβομενοι] προσλαβομενοι δε οι Ιουδαιοι οι απειθουντες   7 πρασσουσι
8 τους οχλους   10 om τον 2°   απηεσαν των Ιουδαιων   11 εχοιεν
14 om ο 2°   16 παροξυνετο   εαυτω   17 εντυγχινοντας   18 δε 1°]
και   Επικουριων   Στοϊκων   om αυτοις   22 μεσου   25 om αυτος
δους   πνοην και ζωην   26 om επι παν   προστεταγμενους   27 κυ] θυ
καιτοιγε] καιγε   29 om του
   XVIII 2 Ακυλλαν   3 εμεινε   11 om εν   15 ονοματος   βολομαι
17 εμελλεν   18 Κεχρεαις   19 και εκεινους   διελεγχθη   20 παρ]
συν   21 αλλα   22 κατελθων] καταβας   23 διερχ.] pr και   επε-
στηριζε   27 προπεμψαμενοι

XIX 6 om ταs    8 πειθον    9 ενωπιον παντος του πληθους των
εθνων   13 τον ιν] το ονομα τον κυ ιυ   19 συνεψηφισαντο   αργυριου]
pr χρυσιου και   20 ουτως   22 om την 1°   26 οχλον ικανον   γινομενοι
in rasura sed ab ipsa p.m. scriptum est    27 om θεας   ιερον Αρτεμιδος
ουθεν   29 συγχυσεως] pr της   om Μακεδονας   om του    34 επι-
γνοντες   δυο ωρας   36 τουτων οντων   υμας] ημας p.m., sed ipsa η in
ν mutauit   πρασσειν    37 θεον    38 εχουσι προς τινα λογον
40 δυνησομεθα] pr ου   δουναι

XX 1 om την    4 om αυτω   Σωσιπατρος ο Βεροιαιος    7 om του
8 ησαν 2°] ημεν    13 προσελθοντες   Ασσον] Θασσον   ουτως
14 συνεβαλλεν ημας   Θασσον   15 Τρογγυλιω   18 επεβην] επεβημεν
21 om τον 1°   om χν    22 συναντησαντα    23 λεγον] λεγων p.m., sed
ipsa ω in ο mutauit    24 παρελαβον    28 θυ] pr κυ και    34 om δε
35 ουτως   μαλλον διδοναι    37 κλανθμος εγενετο

XXI 1 Κω    2 διαπερον    4 om τους    5 εξαρτησαι   προσευξαμεθα
8 ηλθον] ηλθομεν   ελθοντες   om του 2°    9 τεσσαρες παρθενοι    11 τους
ποδας και τας χειρας   ουτως    13 δε] τε   om ο    15 επισκευασαμενοι
ανεβημεν    19 ασπασαμενοι   ενα    21 Μωυσεος    24 ξηρησωνται
sic p.m., sed ω ex ο immutatum uidetur    25 απεστειλαμεν κρινοντες
26 παραλαβων ο Παυλος    27 ημελλον    28 κεκοινωνηκε    29 εωρακοτες
31 σπειρας    32 τυπτειν    33 τοτε εγγισας] εγγισας δε    35 om των
37 τε] δε   om τι    40 τω λαω] τον λαον

XXII 1 νυνι    3 πεπαιδευμενος]+δε    5 πρεσβητεριον corr    7 επεσα
9 ηκουον    10 περι παντων......σοι] τι σε δει    12 ευσεβης] ευλαβης
κατοικουντων]+εν Δαμασκω    13 καγω] και    14 φωνην] pr την
15 ων]+τε    16 om του    20 συνευδοκων]+επι   om και 4°
22 καθηκεν    24 αυτον ανεταζεσθαι    25 om υμιν    27 om ει
ante συ    29 δεδωκως    30 παρα] υπο

XXIII 6 το δε] και το    7 λαλουντος    8 μηδε] μητε    9 om οι
10 ευλαβηθεις] φοβηθεις   καταβαν] καταβηναι και    11 ουτως    15 συν]
+ολω   υμας] ημας    18 τον νεανιαν τουτον    20 καταγαγης τον Παυλον
εις το συνεδριον   μελλοντων    22 ενεφανησας    28 επιγνωναι
29 om δε   εχοντα εγκλημα    30 εις] προς    35 εκελευσε τε αυτον]
κελευσας   om του   φυλαττεσθαι αυτον

XXIV 3 γενομενων   απεδεχομεθα    4 om σε 1°    8 σε] σου
9 συνεπεθεντο    10 δε]+αυτω   λεγειν] λαλειν    11 om η    12 η] ουτε
13 om με    14 ουτως   και]+τοις εν    15 ελπιδα]+δε   εκδεχονται
16 δε] και   εχων   προς]+τε    18 δε] των   Ιουδαιων    19 εδει   om και
21 εκεκραξα   σημερον κρινομαι    24 τινας ημερας   om αυτου   χν]
pr ιυ    26 om δε και   οτι]+και   οπως] ινα   απολυση

XXV 2 ενεφανησαν    9 επ] υπ    11 το] του    14 καταλελυμ-
μενος    16 εχει   λαβη    18 εγω]+πονηρων    19 om προς αυτον
20 om περι   τουτων    21 επικαλουμενου    22 ηβουλομην    23 om
τοις 1°    24 ου] τουτου   απαν    26 τω κυριω γραψαι   σχω] εχω

XXVI 1 επιτετραπται   λαλειν περι σεαυτου    2 επι σου μελλων απο-

λογεισθαι    4 νεωτητος    7 om των    12 om την    om παρα
14 ηκουσαν    16 αλλ    17 νυν] εγω    αποστρεψαι    20 απαγγελλω
21 om με    συλλαβομενοι]+με οντα    22 μαρτυρομενος    γενεσθαι
Μωυσης    23 μελλειν    25 αλλα    φθεγγομαι    26 τι τουτων αυτον
om εστιν

XXVII 1 σπειρας    2 Αδραμυτινω    μελλοντι    Θεσσαλονικεως]
Θεσσαλονικεων δε Αρισταρχος και Σεκουνδος    3 φιλους] pr τους    6 ανεβι-
βασεν    7 om εν    om κατα Σαλμωνην    8 καλουμενον] λεγομενον
9 του πλοος επισφαλους    νηστειαν]+των Ιουδαιων λεγειν    10 παρηνη
11 εκατονταρχης    12 κακειθεν] εκειθεν    15 επιδοντες]+τω πλεοντι και
συστειλαντες τα ιστια    20 αστερων    21 δε] τε    23 ταυτη τη νυκτι
28 βολησαντες (bis)    29 τε] δε    τραχεις] καταβραχεις    εκπεσωμεν
30 εκφυγειν    χαλασαντες    31 εκατονταρχει    υμεις] ημεις p.m., sed
ipsa η in υ mutauit    33 ημελλεν    37 διακοσια    39 δυναιντο] δυνατον
40 τη]+γη    42 διαφυγη

XXVIII 2 δε] τε    om πυραν    3 διεξελθουσα καθηψατο    5 απο-
τιναξαμενος    6 γενομενον    11 ηχθημεν    14 επιμειναι] επιμειναντες
15 ημιν] ημων    19 Ιουδαιων]+και επικραζοντων Αιρε τον εχθρον ημων
20 ουν] γαρ    23 Μωυσεος    25 του προφητου Ησαιου    26 ειπε]
ειπον    27 εκαμυσαν    ιασομαι    30 αυτον]+Ιουδαιους τε και Ελληνας
31 ακωλυτως]+αμην

Subscr. τελος των πραξεων

Printed in the United States
by ...

Printed in the United States
By Bookmasters